“巴渝文化音乐拓展资源库”丛书

总主编 / 胡苹

传唱巴音渝韵 传承红岩精神

优秀音乐课堂教学案例赏析

主　　编 / 胡　苹　付裕坤

执行主编 / 林　瑶　何衡正

西南大學出版社

SWUP 国家一级出版社 全国百佳图书出版单位

图书在版编目(CIP)数据

传唱巴音渝韵　传承红岩精神：优秀音乐课堂教学案例赏析 / 胡苹，付裕坤主编．-- 重庆：西南大学出版社，2025. 1. -- ISBN 978-7-5697-2799-9

Ⅰ. G633.951.2

中国国家版本馆CIP数据核字第2024FM0550号

传唱巴音渝韵　传承红岩精神——优秀音乐课堂教学案例赏析

CHUANCHANG BAYIN YUYUN　CHUANCHENG HONGYAN JINGSHEN——YOUXIU YINYUE KETANG JIAOXUE ANLI SHANGXI

主　编:胡　苹　付裕坤

选题策划 | 王　菱　郭彦臣
责任编辑 | 钟小族
责任校对 | 徐庆兰
装帧设计 | 闰江文化
排　　版 | 吕书田
出版发行 | 西南大学出版社（原西南师范大学出版社）
　　地　　址 | 重庆市北碚区天生路2号
　　邮　　编 | 400715
　　电　　话 | 023-68254353
经　　销 | 全国新华书店
印　　刷 | 重庆紫石东南印务有限公司
成品尺寸 | 185 mm×260 mm
印　　张 | 13.5
字　　数 | 286千字
版　　次 | 2025年1月 第1版
印　　次 | 2025年1月 第1次印刷
书　　号 | ISBN 978-7-5697-2799-9
定　　价 | 59.00元

编 委 会

前言

QIANYAN

2020年10月，中共中央办公厅、国务院办公厅印发的《关于全面加强和改进新时代学校美育工作的意见》提出，以习近平新时代中国特色社会主义思想为指导，全面贯彻党的教育方针，坚持社会主义办学方向，以立德树人为根本，以社会主义核心价值观为引领，以提高学生审美和人文素养为目标，弘扬中华美育精神，以美育人、以美化人、以美培元，把美育纳入各级各类学校人才培养全过程，贯穿学校教育各学段，培养德智体美劳全面发展的社会主义建设者和接班人。

随着学校课程改革的深入推动，“五育”并举成为推动教育现代化、构建教育强国、满足人民期待的关键指导原则，是时代的呼唤，更是教育发展的必然趋势。美育作为“五育”中的重要一环，对培育学生核心素养、厚植文化自信具有举足轻重的作用。美育的重要性越来越得到重视，并被纳入教育体系当中。

重庆曾是巴国的都城，承载着丰富的历史文化底蕴，同时又是红岩精神的发源地。红岩村见证了波澜壮阔的革命历史，不仅是革命的圣地，更是一座不朽的精神丰碑。重庆蕴藏着丰富的美育资源，既有动人的民歌、昂扬的吹打、独特的剪纸艺术等，又有众多革命题材的影视、音乐和戏剧作品。这些艺术作品中所蕴含的人文历史、革命精神和爱国情怀，能够触动心灵、引发情感共鸣、培养精神力量，对培育大中小学生的核心素养，引导他们树立正确的历史观、民族观、国家观和文化观，进一步增强民族自信和文化自信，具有重要的意义。

巴渝大地风光秀美旖旎，民风淳厚丰润，孕育出丰富多彩、独具特色的巴渝文化。“见山唱山，遇水唱水”，不仅体现了巴渝民间音乐“随兴而乐”的特点，也蕴含着人民群众的勤劳智慧。如今广为流传的童谣、民歌、吹打、折子戏、金钱板等，皆起源于早期的民间活动。渝北区的小河锣鼓、巴南区的木洞山歌、万盛区的金桥吹打等国家级和非物质文化遗产以及渝北区的华蓥高腔等市级非物质文化遗产项目，更是灿若繁星。它们都具有浓厚的乡土气息和鲜明的艺术个性，在长期的积累和发展中，逐渐构建起重庆深远的文化历史。这些风格独特、丰富多彩的“巴音渝韵”，不仅丰富了人民群众的精神文化生活，也为教育界开展美育工作和做好巴渝文化的弘扬与传承提供了珍贵的艺术资源。

更好地对这些优秀民间艺术作品进行保护和传承，在大中小学校美育工作中科学合理地进行开发利用，是教育人的责任。作为教育工作者，我们坚持以“巴音渝韵”为抓手，深入贯彻落实习近平新时代中国特色社会主义思想和党的二十大精神，坚守中华文化立场，传承中华文化基因，进一步加强学校美育工作，强化学校美育的育人功能，帮助重庆的艺术教师增进对重庆优秀传统文化和革命文化的认识，坚定文化自信，提高美育工作能力。基于这样的教育目标，重庆市教育科学研究院音乐教研员胡萃老师牵头，与各区县业务能力强、专业功底深、影响力广的音乐教研员以及中小学一线音乐骨干教师等20多人组成编写团队，共同编写了“巴渝文化音乐拓展资源库”丛书（已出版《巴音渝韵》上、下册及《童心向红岩》，共3册）。

丛书由西南大学出版社出版，受到社会各界的高度关注和认可。大家一致认为，通过学校带动学生认识和传唱这些优秀的本地艺术作品，对于更有效地保护这些珍贵的文化资源，促进本土音乐文化的传承和发展，意义重大。丛书的编写、出版得到了重庆市教育系统的高度重视，并获得2021年度重庆市出版专项资金资助。重庆市教育委员会体卫艺处于2023年组织了以“传唱巴音渝韵 传承红岩精神”为主题的音乐微课比赛，让重庆市本土优秀音乐作品走入学校和课堂当中。本次比赛实现重庆38个区县全覆盖；还单列了高校组，重庆市十余所高校的学生参与。比赛收到的课例包括小学组362节、中学（含高中）组295节、高校在校生组51节，形式多样，让重庆民间音乐文化焕发出新的生机。为了更好地实现巴音渝韵与优秀课例的融合传播，本书遴选出44个优秀作品，供大家学习借鉴。

红岩文化和优秀本土艺术作品是重庆各级学校美育工作的重要养分。以红岩文化和本土经典艺术作品为主体，以优秀新作为补充，拓展学生的艺术视野，传承重庆优秀本土文化，是重庆学校美育工作的重要方向和发展途径。各级学校的教师在完成好国家教材教学内容的同时，要充分利用巴音渝韵，从课程改革、素养提升、校园文化建设等方面，通过学生的演唱、演奏等，将巴音渝韵运用好、展示好、发展好、传承好。

广大教师要对丛书所收录作品的艺术特点进行深度解读，根据重庆本土音乐的特色进行再创造，以学生的年龄特点为基础，设计出丰富而有趣的艺术学习活动，让不同年段的学生都能够感受和走近这些艺术作品，并以自己的方式演绎作品，从而全面提升学生的文化审美感知、艺术表现、理解、创意实践等艺术核心素养，激发学生的家国情怀，实现文艺传承的美育目标。

限于版面，还有很多优秀案例未能选入，后续会以其他方式进行展示、推广与交流。希望老师们一如既往地支持与关注重庆的本土音乐文化。同时，由于编写时间仓促，编者水平有限，书中难免存在不足之处，恳请读者批评指正，在此一并表达诚挚的感谢。

编 者

2024年4月

目录

MULU

民风民俗——生活美 071

乡音童谣

——劳动乐

螃蟹

执教者:赵唯

学校:重庆市巴南区融汇小学校

上课年级:五年级

【教学设计】

一、课型

综合课。

二、作品分析

(一)作品背景

《螃蟹》是一首木洞山歌。

木洞山歌是重庆市巴南区的传统音乐,其渊源可以追溯到上古时代的巴渝歌舞。2006年,木洞山歌经国务院批准列入第一批国家级非物质文化遗产代表性项目名录。

木洞山歌源远流长,以歌声伴随着人们的生活。木洞山歌有禾籁、神歌、盘歌、劳动号子、风俗歌等多种样式。《螃蟹》属于风俗歌,是木洞民众在民间礼俗中演唱的歌曲,带有表演性,展现了儿童捉螃蟹时快乐的情景。

(二)作品要素

节拍、节奏、力度、音高。

(三)作品解读

《螃蟹》为G大调,拍号为4/4拍,旋律走向呈波浪形,属于民族五声调式。

作品体现了木洞山歌的内容随意、一调多词、方言押韵和多用衬词等特点,用唱和念白相结合的形式,表现了儿童在田间捉螃蟹的欢乐场景。歌曲幽默、有趣,带有一定的表演性。

螃　　蟹

1=G 4/4

蒋效伦　采录
徐道全　记谱

幽默地

白：哎哟，一个螃蟹八呀八只脚，两个眼睛这么大个壳。夹又夹得紧，扯又扯不脱。张家二娃哥，快点帮到拖，李家大姐姐，快点帮到扯。扯！扯！扯!!!

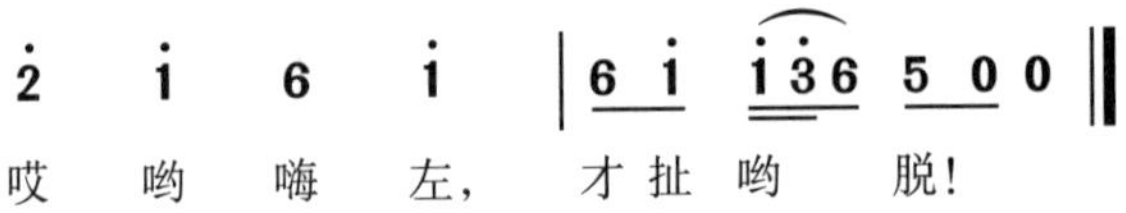

歌曲第一部分用“唱”的形式，描绘出小孩子在田间捉螃蟹时被夹到脚的情景。重庆方言如螃蟹(kɑi)、脚(jio)等，大量的衬词如哟、嘛等，以及儿化音、平舌音的运用，体现出木洞山歌取材生活化、歌词随意性的特点。

歌曲第二部分用念白加两小节旋律，描绘出经大哥哥、大姐姐的帮忙，儿童终于将脚从蟹钳中扯出来的场景，内容风趣幽默，体现出木洞山歌押韵的特点。

三、学情分析

随着年龄的增长，五年级学生的生活范围和认知领域都进一步扩展，感受、体验、探索和创造的能力逐步增强。他们更容易对课本以外的音乐产生兴趣，尤其是在课堂上很少接触的音乐类别。本土音乐文化贴近他们的日常生活，更能激发他们在课堂上的积极性。

音乐素养方面，五年级学生已经具备一定的演唱能力、识谱能力、欣赏能力以及分析作品和表现作品的能力，已经学习并掌握了八分音符、十六分音符、附点等基本节奏型，具备了初步的二声部合唱能力，对于重庆方言有一定的理解和运用能力，能将音乐实践与生活实际较好地进行关联。

四、教学目标

1. 了解木洞山歌；小组合作，结合生活展开想象，表现出歌词中捉螃蟹时幽默、有趣的场景。

2.根据重庆方言衬词多、前重后轻等特点，以口口相传的方式感受木洞山歌的生活化。

五、教学方法

聆听、模仿、体验、表现、合作、联想。

六、教学重难点

结合生活实际和重庆方言特点，表现捉螃蟹的场景。

七、教学准备

音钟、梆子等。

八、教学流程

(一)作品解读——深入认知

1.完整演唱歌曲第一段，加入表演(分声部)。

2.故事是怎样发展的？请聆听完整的作品。

(教师范唱，让学生了解歌曲的故事情节；学生安静聆听，结合音乐想象情景。)

3.歌曲有什么特点？和我们平时听到的作品有什么不同？

4.歌曲特点小结：重庆方言、念白……

5.观看视频，了解木洞山歌。

(通过反复聆听和视频学习，学生了解木洞山歌的特点和历史。)

(二)特点运用——情景表演

1.结合视频，说说你了解到木洞山歌的哪些特点。

2.介绍《螃蟹》属于风俗歌。

3.出示乐谱，找衬词，并试着念一念，找出歌词押韵的特点。

4.探讨重庆方言还有哪些特点，比如：平舌音、前重后轻等。

5.教师用口口相传的形式进行教授。

6.小组分角色模拟表演音乐情景。

九、板书设计

螃蟹

木洞山歌　　　　风俗歌

哎哟，

一个螃蟹八呀八只脚，

两个眼睛这么大个壳。

夹又夹得紧，扯又扯不脱，

张家二娃哥，快点帮到拖，

李家大姐姐，快点帮到扯。

扯！扯！！扯！！！

【执教体会】

《螃蟹》是重庆巴南木洞山歌，内容具有取材生活化、歌词随意性等特点，能让学生快速感受、联想到歌词中的意境。如何提高课堂教学的有效性，使课堂内容既突出本土音乐的特点，又让学生全面参与？这是我在这节微课中想解决的问题。最初我围绕本土音乐的特点来设计课程，想让学生从字面上了解本土音乐，却忽略了木洞山歌最大的特点：取材生活化、歌词随意性。而后，我利用这两大特点让学生真正参与到课堂中，让他们结合生活实践想象捉螃蟹的画面。通过口口相传的方式，我让学生感受、体验音乐，通过创意实践，将生活化的情景表演出来。

在执教过程中也出现了一些问题，比如对文化背景挖掘不够、学生感受和实践的机会不足。

【指导点评】

赵老师结合五年级学生的学情和歌曲的特征，让学生感受、体验、了解本土音乐后，学习挖掘音乐文化特征，再进行创意实践和艺术表现。其长处主要体现在：

多种形式体验，挖掘音乐特征：本节微课先让学生通过教师的范唱感受重庆方言的特征，再通过对国家级非遗传承人的介绍，引导学生更精准地总结出了木洞山歌的特点。教学过程层层递进、由浅到深，学生在多种形式的感受活动中，体验了音乐文化，记住了音乐特征。

音乐联系生活，深化文化理解：教师引导学生想象在田间捉螃蟹时被夹到脚的场景，并情景化地唱作品、演作品，让学生在表演中深刻地理解了木洞山歌的一大特点：取材生活化。课堂互动性强，学生参与度较高，学习氛围浓厚。

什么红来红满天

执教者:何衡正

学校:重庆科学城南开景阳小学校

上课年级:四年级

【教学设计】

一、课型

唱歌课。

二、作品分析

(一)作品背景

《什么红来红满天》为木洞山歌中的盘歌。歌曲以木洞方言为基础,采用问答形式,运用依字行腔的创作手法,并加入衬词和装饰音增强山歌风味,体现出了地方音乐特点。

(二)作品要素

歌曲采用二拍子、民族五声徵调式,四个乐句构成一个乐段,歌词生活化,衬词和装饰音较多,曲调流畅连贯,山歌特征明显。

(三)作品解读

该作品短小明快,旋律简单,节奏简洁规整,歌词直白有趣,音域为C^1—C^2音区,适合小学四年级学生进行感受和学唱。

三、学情分析

四年级学生随着年龄增长、生活范围扩大和音乐认知水平进一步提高,体验、感受与探索音乐的能力增强,具备了一些学习音乐的方法,但普遍缺乏对地方音乐的学习、认知和感受。

本课以家乡的歌为主题，以重庆地方音乐作品为素材，选曲欢快、活泼有趣，极易引发学生的情感共鸣。学生对本课作品的学习兴趣浓厚。本课的设计以传唱木洞山歌为主线，激发学生用念、拍、唱、动等多种方法去感受劳动人民的生活场景，让学生在活动中体验音乐美，初步了解民歌与其他歌曲的不同学习方法，多方位开发音乐感知力。

四、教学目标

1. 通过视听结合的方式，了解木洞山歌中的盘歌这一类型，在歌词诵读、衬词感受中理解木洞山歌取材生活化、歌词随意性的特点（审美感知、文化理解）。

2. 通过口口相传、口传心授、逐句教唱的方式，让学生学唱歌曲《什么红来红满天》，感受传统民歌的学唱方法，进而完整、流畅地演唱歌曲（艺术表现、创意实践）。

3. 通过分析重庆木洞方言特点和歌曲旋律的关联，认知“依字行腔”的旋律特点，进一步感受木洞山歌的风格特点（艺术表现）。

五、教学方法

本课紧密围绕木洞山歌的传唱展开：

传：对词、曲和创作手法进行探究，加上非遗传承人的讲解与亲身体验学唱，为学生理解和传承家乡音乐文化奠定基础。

唱：运用“口传心授、逐句教唱”的方法，进行模仿学习。

为较好地达成教学目标，突出重点、突破难点，结合四年级学生的音乐学习规律，本课采用聆听思考、学唱表现的教学方法，构建了以学生为主体、学唱为内核、体验为外显方式的教学模块。

六、教学重难点

本课将“通过口口相传、口传心授、逐句教唱的方式学唱歌曲《什么红来红满天》，感受传统民歌的学唱方法”作为教学重点。

本课将“通过分析重庆木洞方言特点和歌曲旋律的关联，认知‘依字行腔’的旋律特点，进一步感受木洞山歌的风格特点”作为教学难点。

七、教学准备

钢琴、多媒体等。

八、教学流程

(一)聆听导入

1.师生问好。

2.教师完整演唱歌曲《什么红来红满天》。

学生思考歌曲的特点:旋律、节奏、歌词、语言等。

教师根据学情,总结山歌的特点:曲调高亢、嘹亮、悠长,歌词生活化,采用问答的方式等。

3.利用方言的特征,明确教学内容为木洞山歌,引出课题。

4.观看介绍木洞山歌的视频。

(二)理解和学唱

1.介绍盘歌的特点:问答的形式。

2.聆听歌曲,让学生思考"歌词都问了什么?"。

3.明确四个问句"红满天? 田中间? 屋团转? 脸上边?"。

4.观看传承人介绍木洞山歌的视频,理解木洞山歌的特点:衬词多。

5.逐句学唱歌曲的四个乐句。

6.学习衬词和装饰音的演唱方法。

7.聆听第二段的"答"部分,明确"太阳、鲤鱼、鸡公、胭脂"四个答案。

8.梳理重庆方言的特点:前重后轻;尾音去声与音乐旋律关联:依字行腔。

9.结合方言特点及重音,演唱第二段。

10.完整、流畅地演唱全曲。

九、板书设计

什么红来红满天

	木洞山歌
盘歌	内容:生活化
问　答	特点:衬词多
	方言:依字行腔

【执教体会】

设计时,我着重抓住“方言与音乐的关系”和“盘歌的特征”这两个点。让学生真正有效地体验、感受、学习木洞山歌的特点并演唱歌曲,避免浅层学唱,成为本堂课的重中之重。

本课采用双向并进的方式,以歌曲学唱为主线,以了解木洞山歌的特点为主导,以探究运用为导向,以学生有效地演唱、深度体验地方音乐特征为目标。

课堂中,我适度运用民歌学唱方法逐句教唱,进一步引导学生感受作品风格,解决学习难点;同时,引导学生带着探究与对比的思维学唱歌曲,加深对木洞山歌的认知,在感受中理解,在理解后表现。

本节课的执教还存在教学语言不够精炼、教学环节的时间把握不足等问题,值得进一步改进。课堂永远面向学生,面向未来,我也将在音乐教学中且行且思。

【指导点评】

何衡正老师执教的《什么红来红满天》教学流程清晰,方法策略突出,师生互动融洽,教学效果明显。本课以音乐为本位,以聆听为核心,以体验和感受音乐为重点,层层深入。聆听歌曲、分析歌曲特点、分析方言特征、分段感受和完整表现等部分的精彩设计,令人印象深刻,回味无穷。

教学中,难的地方“浅出”,简单的地方“深入”。难的地方,如对木洞山歌、依字行腔的讲解,何老师先让学生通过聆听和感受去寻找答案,让学生自主探究;随后让学生通过仔细观察、演唱,了解盘歌和依字行腔的特征,让学生在轻松的氛围中获取音乐知识。简单的地方,何老师创设情境,以兴趣来激发学生学习的动力,充分吸引了每个学生的注意力,让每个学生都参与其中,积极思考。教师能抓住学生的学习心理,把握时机平等交流。

黄葛树下小茶馆

执教者：张何佳

学校：重庆市合川区花果小学

上课年级：三年级

【教学设计】

一、课型

以欣赏为主的综合课。

二、作品分析

(一)作品背景

《黄葛树下小茶馆》是一首具有地方特色、生活气息浓厚的四川清音小曲。四川清音是流行于重庆、四川的曲艺品种之一，来源于明清时期的俗曲及四川民歌。2008年，四川清音经国务院批准列入第二批国家级非物质文化遗产代表性项目名录。

(二)作品要素

歌曲为徵调式，二段体。歌词形象生动，词曲结合紧密。演唱运用方言的声韵语调，叙事性强，富有童趣。伴奏乐器为琵琶、二胡、竹鼓、檀板等，唱腔中多用拖腔、衬字表现四川清音的地方韵味。

(三)作品解读

黄葛树（又名黄桷树）是重庆市市树，根深叶茂，生长快，寿命长，耐高温，耐潮湿，抗污染，即使置身于悬崖峭壁，也能迎风昂首，茁壮成长，具有极强的生命力，象征着重庆人民顽强坚忍的精神。自古重庆地名以“黄桷”冠之者众，至今仍有黄桷垭、黄桷坪等地名。1986年，黄葛树被正式确定为重庆市市树。

黄葛树下的小茶馆在西部城镇尤其是重庆市郊随处可见。本首作品生活气息十分浓厚，表现了川渝人民“崇尚自然、悠闲自得”的生活方式。

三、学情分析

三年级学生较少接触曲艺，因此本堂课从用方言读歌词入手，结合对重庆人民喜欢在黄葛树下喝茶、听戏的风土人情的讲解，采用视听结合、听唱结合、边唱边演的方式，强化学生对音乐的感性体验。

四、教学目标

1.引导学生感受四川清音的独特魅力和艺术价值，懂得保护与传承民间曲艺的重要性，萌发进一步了解民族音乐文化的愿望。

2.在说、听、唱、演中感受四川清音的风格特征，通过口传心授的方式学唱部分旋律。

3.了解重庆地域文化，知道四川清音的演唱形式和伴奏乐器，初步把握清音唱腔中拖腔、衬字带来的曲艺韵味。

五、教学方法

讲授法、启发法、欣赏法、演示法、口传心授法。

六、教学重难点

学习拖腔部分的演唱，用唱、演表现出四川清音的韵味。

七、教学准备

多媒体、电子琴、檀板、竹鼓、竹签等。

八、教学流程

(一)导入

1.读童谣，感受方言。

教师：同学们，请你们试着用重庆话读一读这首童谣。

(学生随檀板伴奏读童谣。)

2.介绍重庆地域文化。

教师:童谣里描述的场景发生在哪里?

学生:茶馆里。

教师:茶馆开在什么地方?

学生:黄葛树下。

教师:黄葛树是我们重庆的市树,也写作"黄桷树"。重庆有很多以该树命名的地名,比如黄桷垭、黄桷坪等。

黄葛树根深干壮,象征着重庆顽强坚韧的城市精神。它枝繁叶茂,悠闲自在的山城人民喜欢在树下喝上一碗坝坝茶。除了喝茶,童谣里唱到,人们在黄葛树下的小茶馆还做些什么呢?

学生:摆龙门阵、吃瓜子、唱川剧、说金钱板。

【设计意图】采用读童谣的方式,让学生熟悉歌词内容,了解歌曲里的地域文化,也为四川清音的方言演唱做铺垫。

(二)完整视听,感知四川清音的特点

教师:川剧和金钱板是流行于西南地区的戏曲、曲艺,以前的小茶馆里常有艺人演出。各位看官,来得早不如来得巧。有请四川清音表演艺人为我们带来《黄葛树下小茶馆》。

(学生观看表演视频。)

教师:这种曲艺叫作四川清音。谁来说说,它带给你怎样的感受?

学生:它的语音跟重庆话很像。

教师:演唱中带有方言的感觉,你听得很仔细。四川清音是流行于重庆、四川一带的音乐,用的是方言的声韵语调。

学生:演员不仅在唱,还在敲打乐器。后面还有乐器伴奏。

教师:伴奏乐器有琵琶、二胡,还有扬琴,这些都是四川清音里常见的伴奏乐器。你的观察力很强。清音演员自击自唱,还有形体表演,是一种综合了唱、奏、演的表演形式。

【设计意图】创设茶馆演出的场景,通过视听结合的方式让学生直观地感受清音的魅力,将本土曲艺与本地的风土人情结合起来,丰富学生的体验。

(三)学学练练,了解伴奏乐器

教师:巴蜀大地盛产楠竹。善于创造的人们就地取材,便有了这样一种乐器——竹鼓。拿上你的竹签,一起来体验一下吧。丁字步站立,左手执檀板,右手执竹签敲击竹鼓。注意

看我的手腕，朝着侧面。

我们学习两个简单的节奏型，并试着用这两个节奏型为歌曲的前奏伴奏。竹签使用结束后朝向自己。

【设计意图】了解四川清音的表演形式和伴奏乐器，增强学生的体验感，激发学生了解清音、学习清音的欲望。

（四）唱唱演演，体验四川清音的韵味

教师：四川清音在发展中与四川扬琴、川剧相互影响、相互融合，最终形成具有浓郁地方色彩的曲艺。让我们再来听听，唱腔中哪些地方最有韵味呢？

（教师出示歌谱。）

（学生看谱，完整聆听音频。）

1.拖腔。

教师：你从哪些地方感受到了地方色彩？

学生：我觉得它的语调有变化，很有韵味。

教师：具体表现在哪里？

学生：比如第一句“黄葛树，撑绿伞”，每个字都拖得很长。

教师：这样的唱腔叫作拖腔，采用一字多音的创作手法让旋律更婉转流畅。我们一起来感受一下，用“lu”模唱第一句。提眉亮眼，把“范儿”拿出来。

教师：有点味道。最后一句也出现了拖腔，一起来学一学。

2.衬字。

教师：还有别的地方吗？

学生：有几句结尾的音很有韵味。（学生唱“哪啊啊”。）

教师：记忆力不错！清音唱腔常用这样的衬字或衬词，增加歌曲的表现力，使其更富有地域色彩。

（师生合作感受一下。）

3.跟唱表演。

教师：我观察到你们的小脑袋转起来了，表情也很到位。同学们，让我们一起跟着音乐唱一唱、演一演吧！

【设计意图】师生在听、唱、动、演的参与式体验中，感受四川清音的风格韵味。

(五)拓展:欣赏《布谷鸟儿咕咕叫》

教师:四川清音还有许多经典佳作,我也跟着老艺人学了一段。请你们通过这个片段,感受四川清音中典型的唱腔——哈哈腔。

【设计意图】哈哈腔是四川清音最常见的唱腔,但在教材中未体现,通过拓展活动让同学们了解该唱腔,教师也身体力行地进行传承。

(六)小结

教师:四川清音是富有巴蜀特色的传统曲艺,也是巴蜀文化的传承载体,2008年被列入国家级非物质文化遗产代表性项目目录。重庆市曲艺团就是四川清音的保护单位之一。我们要让珍贵的传统艺术在巴蜀大地上后继有人。

【设计意图】重庆在四川清音的传承与改革创新中,有着不可忽视的地位。然而,随着时代的发展和娱乐方式的多元化,传统曲艺纷纷走向衰微,重庆地区的四川清音传承人也屈指可数。希望通过本课的教学,让同学们能产生对本土民间曲艺的兴趣。

九、板书设计

黄葛树下小茶馆

四川清音

说唱音乐　　方言　　自击自唱　　拖腔　　衬字

【执教体会】

在为本次微课选材时,我查阅了一些资料。重庆大学肖玲在《非物质文化遗产“四川清音”在重庆地区的传承与保护》一文中写道:“今天的学习者,也许就是明天的传承人,我们要用发展的眼光,本着对历史负责的态度,加大对重庆地区四川清音的传承保护。”这让我深有感触,因此定下这课,希望能培养同学们对这种本土民间曲艺的兴趣,为四川清音在重庆的传承贡献微薄之力。

3—5年级学生对中国民歌、戏曲等作品进行欣赏时,以了解表演形式、相关常识和感受音乐特点为主,在教学和表演实践中以体验为主。因此,本课设计了视听、模仿、学唱、体验等教学环节,遵循“趣味为先、韵味为重、体验为要、文化为基”的原则,希望为同学们种下本土曲艺的“种子”。

【指导点评】

本节课设计合理、执教完整流畅。张老师从文化角度切入，深入挖掘歌曲中的地域文化元素，结合重庆人民在黄葛树下喝茶、听戏的风土人情，采用视听结合、听唱结合、边唱边演的方式，强化学生对音乐的感性体验。通过指导学生学习竹鼓、檀板的演奏动作，帮助学生更好地体验四川清音的表演形式与风格特点，在让学生获得审美体验的同时，能在探究四川清音的独特风格与文化内涵的过程中增强民族自豪感、坚定文化自信。

四川清音对重庆而言，是像珍珠一般宝贵的传统曲艺。《黄葛树下小茶馆》更是富有山城社会文化气息。在新时代，音乐教师有义务和责任扎根民族沃土，弘扬本土优秀音乐文化。

丁丁猫

执教者:张秀丽

学校:重庆市合川区学昌门小学

上课年级:二年级

【教学设计】

一、课型

活动课。

二、作品分析

《丁丁猫》是一首经久不衰的童谣,用綦江话念出来更有家乡的味道。“丁丁猫”即蜻蜓。

三、学情分析

二年级的学生经过一年的音乐学习,已经初步掌握了一些基础音级知识,能够跟琴演唱简单的旋律。他们的形象思维能力比较强,比较喜欢音乐游戏和形象的表演。在节奏方面,他们能够认识简单的节奏,表现出一定的律动自觉性。

四、教学目标

1.学会读童谣《丁丁猫》,并能用打击乐器为童谣伴奏。

2.培养学生的音乐节奏表现能力。

3.培养学生热爱生活、热爱家乡的美好情怀。

五、教学方法

先创设情境,以游戏导入,然后采用演示法和律动法让学生学习童谣,最后采用练习法拓展延伸。

六、教学重难点

教学重点：能够按照节奏朗读和表现童谣。

教学难点：读准 $\underline{X}\ \underline{\underline{X\ X}}$ 的节奏型。

七、教学准备

多媒体、双响筒、碰铃、串铃等。

八、教学流程

（一）创设情境，游戏导入

教师：起立！同学们好！请坐。欢迎大家来到张老师的音乐课堂。

教师：在上课之前，老师带你们做一个小游戏。请挨着的两位同学面对面坐着，仔细观察老师是怎么做的，请你们模仿。（教师用普通话示范读童谣，并用双手和一个同学有节奏地击掌。）

教师：今天老师为大家带来的这首童谣，叫作《丁丁猫》（教师板书课题）。这是一首重庆綦江地区的童谣。那么在重庆方言中，丁丁猫是指什么呢？

（学生回答。）

教师：由老师来揭晓答案。重庆人口中的“丁丁猫”，其实就是蜻蜓（出示蜻蜓图片）。因为蜻蜓展开翅膀时，它的形态像“丁”字，所以重庆人把它叫作“丁丁猫”。

（二）初听童谣

教师：《丁丁猫》用綦江话念出来更有家乡的味道。下面我们一起来感受用綦江话读的《丁丁猫》。

（教师范读。）

（三）学习童谣

教师：童谣中的“爪爪、石榴、家婆、吃”和我们合川的发音有什么不一样？

（学生回答。）

教师教读綦江话爪爪（zǎor zǎor）、石榴（séliu）、家婆（gāpó）、吃（cei）。

教师：刚刚你们仔细观察歌谱了吗？这首童谣是几拍子的？

（学生回答。）

教师：那你们知道二拍子的强弱规律吗？

（学生回答。）

教师：请你们跟随老师读一读童谣的节奏，仔细听老师是怎么读每一句的。

（教师教读节奏。）

教师：同学们，注意最后一句的节奏。

（教师教读最后一句前八、后十六的节奏。）

教师：我们一起完整地读节奏，看谁的节奏感最强。

教师：下面我们把二拍子的节奏带入童谣里读一读，观察老师的动作，看哪位同学能模仿老师。

（教师教读童谣。）

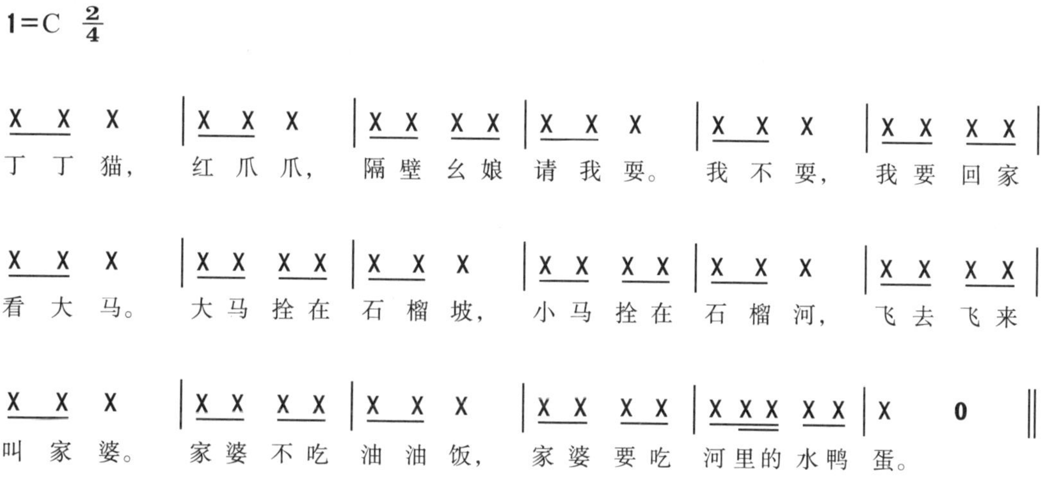

教师：让我们一起随节奏完整地朗读童谣吧！

（师生完整朗读童谣。）

（四）打击乐器演奏，表现童谣

教师：今天张老师还准备了几件打击乐器，有串铃、双响筒、碰铃。谁愿意来演示一下串铃是怎么使用的？

（学生尝试演奏。）

教师：请你跟着音乐有节奏地敲击。

教师：这是双响筒，谁愿意来演示双响筒是怎么使用的？

（学生尝试演奏。）

教师:请你跟着音乐有节奏地敲击。

教师:这是碰铃。谁来演示一下它是怎么使用的?

(学生尝试演奏。)

教师:请你跟着音乐有节奏地敲击。

(学生尝试演奏。)

教师:我们一起来听一听这三件打击乐器合奏的声音。

(学生尝试合奏。)

教师:下面,拿起你们的乐器,分小组练习吧。

(教师去每一个小组指导学生练习。)

教师:请你们用手上的打击乐器,有节奏地表现这首童谣。

(五)课堂小结

你还能用其他节奏读一读这首童谣吗?你还知道哪些有趣的童谣,下次上课唱给我们听好吗?下课之后,请同学们自己编创节目,下节课我们请同学来展示,好吗?下课。

九、板书设计

《丁丁猫》

图片:蜻蜓

【执教体会】

兴趣是最好的老师。学生们对《丁丁猫》这首童谣的学习兴趣浓厚,因此主动学习,积极参与课堂活动,教学效果显著。我将童谣与游戏、表演等活动相结合,让学生在轻松愉快的氛围中学习,不仅提高了他们的学习兴趣,还促进了他们多方面能力的发展。在教学过程中,我注意到学生在音乐感知、语言表达能力等方面存在个体差异。因此,我注重因材施教,针对不同的学生给予不同的指导。

音乐不仅能够激发学生的创造力和想象力,还能通过旋律和节奏的引导,帮助学生更好地理解和表达情感。此外,童谣作为传统文化的一部分,能增强学生对民族文化的认同感和自豪感。

课后,大家给我的反馈是这堂课很有意思,还想上。在今后的教学当中,我应给予同学们更多了解和接触重庆本土音乐、舞蹈等民间传统文化的机会。这些宝贵的文化都需要传承,我们都应成为传播者。

【指导点评】

《丁丁猫》富有童趣，以诵念为基本表现形式。整首作品没有旋律，非常考验教师的基本功。

张老师的课，教态大方自然，语言有亲和力，让学生感受到了音乐的美。二年级的学生为童谣编创旋律有一定的难度，所以在教学设计上，张老师选择了用乐器加节奏的形式。而且，张老师在教授童谣阶段，非常注重同学们是否具备基本的童谣念读能力，关注了学生，关注了课堂，还引导学生自由探索可以用哪些乐器的节奏来表现童谣，激发了学生的学习兴趣。

如果再上此课，我的建议是先将部分节奏型展示出来，让学生补充，用乐器将节奏敲打准确后，再加入童谣的念读，这样低年级的同学可能更容易接受。

城门城门几丈高

执教者：敖紫榆

学校：华新实验小学

上课年级：二年级

【教学设计】

一、课型

综合课。

二、作品分析

(一)作品背景

孩童们欢聚在一起玩耍时，快乐的情感抒发与游戏活动相结合，诞生了这首具有重庆地方特色的童谣。

(二)作品要素

这是一首具有重庆地方文化特色的游戏童谣，以重庆方言演唱，根据游戏规则展开内容。参加“过城门”游戏的人数要在三人以上，其中两人面对面，双手牵着举过头代表城门，其他人依次从“城门”下钻过，边走边唱这首童谣。当唱到最后一个字时，扮演“城门”的两人放下双手，拦住“城门”下的人，游戏结束。被拦住的人替换为“城门”，游戏重新开始。

(三)作品解读

这首童谣在孩童们游戏时的欢声笑语中产生，是对快乐生活的表达。作品情节丰富，又很有趣味，非常贴近日常生活。

三、学情分析

小学二年级的学生对重庆童谣知之甚少，但他们活泼好动、善于模仿、表情丰富，尤其是表演欲强的心理特征适合以游戏、音乐表演等手段实施教学。因此，本课以游戏贯穿课程，吸引学生的兴趣，并添加非洲鼓来伴奏，提高学生的动手能力和创作能力。

四、教学目标

1. 能用轻快、自然的声音演唱《城门城门几丈高》，感知游戏童谣活泼优美的音乐特色。

2. 通过合唱、表演等音乐实践活动，让学生获得愉快的体验，在活动中培养团结合作的精神和对传统音乐文化的热爱。

3. 引导学生运用非洲鼓编创伴奏，培养创新意识，提高艺术实践和创造能力。

五、教学方法

游戏教学法、编创学习法。

六、教学重难点

教学重点：能运用重庆方言准确、有感情地演唱；了解游戏童谣的特点；引导学生传承重庆传统音乐。

教学难点：运用非洲鼓编创伴奏，并进行歌曲表演的二度编创。

七、教学准备

多媒体、非洲鼓等。

八、教学流程

环节一：情境导入，律动游戏。

（童谣导入，激发兴趣。教师用重庆方言读童谣，引导学生参与音乐游戏。）

教师：同学们，欢迎来到音乐课堂！今天老师带来了一首豪放有趣的童谣，想邀请一名小嘉宾来读一读。谁来？这么多小朋友都想来呀！那我用《点兵点将》来选择，你们准备好了吗？

教师：点子梅糖，玫瑰花糖。鸡倌下水，鸭倌退塘。一颗米，种到底，不是他，就是你。（同学们欢呼！）有请小嘉宾！同学们，你们知道刚才老师读的是什么吗？

教师：那是我们重庆地地道道的童谣。

教师：重庆童谣包罗万象，无所不唱。刚才敖老师唱的这首童谣叫作《点兵点将》，它常常用在游戏中，可以随机抽取一位同学参与游戏。小嘉宾，请你读一读吧！

教师：读得可真好呀！你读出了这首童谣的灵魂。这首地方童谣最大的特点就是用重庆方言去读。同学们，让我们用重庆话再读一遍！

【设计意图】结合本课的主题营造课堂氛围，让学生在轻松的氛围中进入学习。用“重庆方言+童谣点名”的方式，激发学生对童谣的兴趣。

环节二：学习童谣，明晰结构。

1.读节奏，感受节奏特点。

（教师出示节奏谱，指导学生划拍读节奏。）

城门城门几丈高

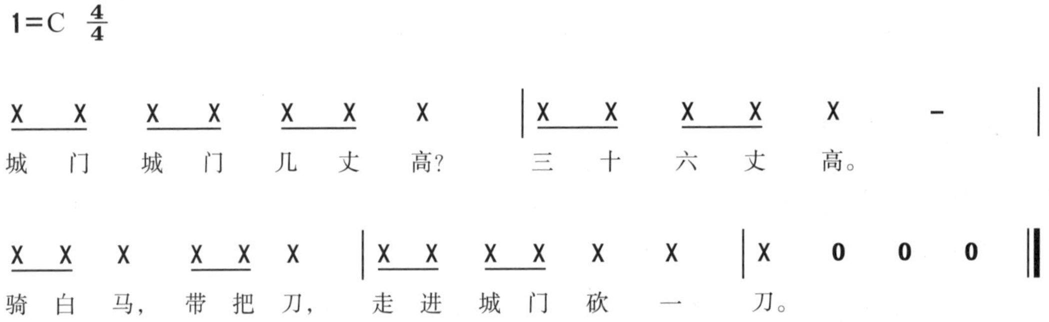

教师：这首童谣是几拍子的呢？你能划出节拍读节奏吗？

教师：这首童谣用得最多的节奏是什么？请你上来指一指。

教师：童谣中运用得最多的是八分节奏和四分节奏。大家拍一拍！

【设计意图】采用游戏的方式学习童谣的节奏。跟着音乐律动的方式提升了游戏的趣味性。

2.读童谣，感受风格韵味。

（教师引导学生理解童谣的风格，由慢至快读童谣。）

教师：重庆的童谣既有趣又特别。请同学们思考，特别之处有哪些？重庆人民独特的方言、豪迈的性格、对生活的热爱，造就了重庆独特的童谣。

（学生识读节奏，明晰结构，感受重庆童谣的风格特征。）

【设计意图】增加学生对《城门城门几丈高》风格的认知，做到会读童谣、读好童谣。

环节三：音乐活动编创。

1. 介绍乐器。

（教师介绍非洲鼓，讲解基本演奏方法，引导学生进行四拍子的节奏编创。）

（学生体验非洲鼓的不同演奏方式，感知其音色。小组讨论、体验，进行节奏编创和展示。）

【设计意图】通过即兴编创提高学生的创造力，让学生在编创中获得快乐。

2. 律动游戏，揭示课题。

（教师带领学生做律动游戏，引入课题“城门城门几丈高”。）

（学生参与活动，感知重庆童谣的趣味性，并在恒定拍中合作进行律动游戏。）

【设计意图】通过身体律动让学生初步感受童谣的节奏特点，放松身心，在轻松愉悦的氛围中感受童谣。培养节奏感，为后面的学习做铺垫。

环节四：迁移运用，借助不同风格的音乐表现童谣的特点。

（教师介绍重庆城门，并指导学生运用非洲鼓与老师合作表演。）

（师生合作为歌曲《城门谣》伴奏。）

【设计意图】了解与《城门城门几丈高》相似的音乐作品《城门谣》，为学生提供学习线索，促进持续学习习惯的养成，并用编创的节奏为《城门谣》伴奏。

小结：巴渝大地山川巍峨，民风淳朴，孕育了独具风格的巴渝文化，诞生了丰富多彩的重庆童谣。希望同学们课后能去发现更多的游戏童谣，与大家分享。我们下节课再见！下课！

【执教体会】

这首童谣属于重庆地方音乐，在孩童们欢声笑语的游戏中产生，是对快乐生活的反映。在教学实践中，我发现学生参与音乐游戏的积极性较高，能够踩着游戏节拍律动，获得技能上的突破、情感上的愉悦，理性思维与感性思维得到平衡发展。

本节微课采用方言童谣、游戏律动、节奏编创等多种教学手段，发挥学生的创造力，给学生提供了创造的时间和空间。在实现教学目标的过程中，我依据对歌曲所蕴含的音乐特点的挖掘，采用了游戏教学法、编创学习法。

【指导点评】

本节微课，学生参与到音乐游戏中，积极性很高。老师比较注重学生的主动参与，通过听、念、唱、动、奏、创等多种方式，使学生得到多方面的收获。

无论在童谣的初步感受环节，还是深入表现环节，教师都分别从歌词、节拍、伴奏等角度，给学生提供了创造的机会。学生能在自己创设的情境中自然地获得对作品的感知和理解，较好地实现了“感中有创、创中有感”。自主编创节奏和参与演奏实践，激发了学生对本土童谣的浓厚兴趣，增强了文化自豪感。

黄桷树 黄桷椏

执教者：蒋小梅

学校：重庆市南川区隆化第五小学校

上课年级：三年级

【教学设计】

一、课型

综合课。

二、作品分析

童谣《黄桷树 黄桷椏》描写的是作为重庆市市树的黄桷树，其形象深入人心，在童谣中被赋予浓厚的地域色彩和童年记忆。

黄桷树象征着重庆人勤奋、顽强、勇敢的精神。千年黄桷垭，一道通古今。同学们快乐地唱童谣，创造性地表演童谣，依据童谣韵脚编创童谣，尽享乡音童趣，讴歌家乡美景，抒发对家乡的满腔热爱。

三、学情分析

三年级学生掌握了一些基本的音乐知识，对音乐充满兴趣，有一定的音乐素养。同时，他们好学、好动，学习方式以游戏为主，因此，创作和表演是他们喜欢的活动。音乐艺术的自由性和多样性，给三年级学生提供了个性化演绎的广阔舞台。

四、教学目标

1.学生分别用普通话和重庆方言朗诵童谣，体验两种语言的不同，感受重庆方言的特点；学习黄桷树坚韧、顽强、默默奉献的精神，培养学生热爱家乡、热爱生活的态度。

2. 运用不同的节奏型诵读童谣，体会八分音符、附点八分音符等节奏型在童谣中的运用；感知童谣的节奏与韵脚。

3. 根据家乡的美景、特产等编创童谣，培养创造力。

五、教学方法

探究学习法、小组合作学习法、自主学习法。

六、教学重难点

教学重点：用普通话和重庆方言读童谣，并创造性地表现童谣。

教学难点：根据家乡的美景、特产编创童谣。

七、教学准备

1. 多媒体、节奏卡、打击乐、情境创设道具等。

2. 学生了解家乡的风土人情、特色特产，搜集歌颂家乡的歌曲、诗词等。

八、教学流程

（一）读童谣

学习活动一：

1. 教师介绍重庆市市树——黄桷树的特征和象征意义。

2. 出示童谣。学生用自己喜欢的节奏用普通话自由朗读。

3. 聆听朗读童谣的录音，提炼出节奏型。

4. 学生两两相对，边拍手边按节奏诵读童谣。

【设计意图】快乐吟诵童谣《黄桷树 黄桷桠》，知晓重庆市市树——黄桷树的象征精神，感知童谣的节奏与韵脚。

学习活动二：

1. 你能用重庆方言吟诵这首童谣吗？

2. 抽学生试读并评价。

3. 全班同学集体用重庆话读童谣，体味重庆方言的特点。

【设计意图】体会两种语言的不同，感受重庆方言的特点和趣味。

(二)演童谣

1.同学们,我们想象一下:自己正在南山一棵树观景台的黄桷树下嬉戏玩耍,感受童年的美好。(教师用简笔画勾勒出黄桷树下大人喝茶聊天、儿童嬉戏玩耍的场景。学生依据场景,分组表演童谣。)

2.小组长抽取情境创设建议签,并选择创设情境的道具,组织小组成员表演童谣中的场景。

3.全班同学合作展现童谣中的场景。

(三)创童谣

1.接下来,让我们把家乡的美景编进童谣里。为了激发大家编创的灵感,让我们先欣赏表现家乡的歌曲《美丽南川我的家》。

2.让我们在歌曲《南川嗨起来》的陪伴下,即兴编创赞美家乡美景、歌颂美好生活的童谣。

3.请同学们分享自己的作品,并相互学习。

【设计意图】创作和表演是学生喜欢的活动,发挥了他们的潜能,满足了创作欲望。

(四)悟童谣

渗透德育教育:学习黄桷树坚韧、顽强、默默奉献的精神,培养热爱家乡、热爱生活的态度。

九、板书设计

读—演—创—悟

黄桷树　黄桷桠

黄桷树,黄桷桠,黄桷树下住一家。

大的哥哥会写字,大姐二姐会剪花。

大姐剪的银灵芝,二姐剪的牡丹花。

只有三姐不会剪,丢了剪刀纺棉花。

【执教体会】

童谣不仅有趣,还体现出不同地区的特色,能很好地向学生传递民间文化风情。这堂微课,我以读童谣—演童谣—创童谣—悟童谣为主线,通过一系列活动诠释童谣的魅力。课堂教学极具开放性，力求表现形式的丰富多彩，从而提升学生的想象力与创造力。整节课充分体现了音乐学科的特点：动中学、玩中学、乐中学。

由于教学设计时力求课堂的丰满，想呈现的内容太多，所以教学过程较为匆忙，教学评价显得很仓促，这是以后课堂教学中需要改进的地方。

【指导点评】

执教老师目标定位准确，着力于学生审美素养的提升和情感的培育。在教学活动中，教师采用多种形式引导学生积极参与音乐体验，培养了学生的音乐感受力与童谣创新能力。教师还注重培养学生演唱童谣、表演童谣和编创童谣的能力。教学活动面向全体学生，建立了平等的师生互动关系。教师教学用语生动、准确，教态自然亲切，具有较强的教学组织能力和教学应变能力；具有改革意识，有自己的教学风格和特色。

黄丝蚂蚂

执教者：马紫薇

学校：重庆市九龙坡区谢家湾(金茂)小学校

上课年级：二年级

【教学设计】

一、课型

唱游课。

二、作品分析

《黄丝蚂蚂》是一首游戏童谣，展现了巴渝儿童自由快乐、充满梦想的童年生活。作品用拟人手法呈现出一群群生动可爱的黄丝蚂蚂(蚂蚁)形象，充满童趣，表达了儿童们逗蚂蚁时的快乐心情。

三、学情分析

二年级的学生性格活泼开朗，对未知事物充满了好奇，有较强的求知欲望，对音乐知识有初步的了解和认识，模仿能力较强，想象力丰富，但在创造能力方面还需要提高和加强，所以应采取生动、直观的教学方式吸引其注意力，通过情境创设、合作学习等方式激发他们的学习积极性。在学习过程中，要渗透音乐知识，强调学习实践。

四、教学目标

1. 通过学习童谣，感受重庆方言，了解地域特色，激发学生热爱家乡的情感。

2. 通过情境创设、模仿体验，感受蚂蚁天真活泼、齐心协力的艺术形象。

3. 引导学生用律动、游戏等方式，掌握四分音符和八分音符的变化。小组合作学习，选择节奏编创劳动口令。

4. 学习重庆童谣，体验方言带来的乐趣，并学习蚂蚁团结友爱的合作精神。

五、教学重点

1.通过学习童谣，感受重庆方言的特点，了解地域文化，激发学生热爱家乡的情感，学习蚂蚁团结友爱的合作精神。

2.通过创设情境、模仿体验等方式，引导学生感受蚂蚁的艺术形象，掌握节奏的变化，进行节奏编创。

六、教学难点

通过合作学习，选择节奏编创劳动口令。

七、教学准备

课件、钢琴、蔬菜、任务单等。

八、教学流程

（一）创设情境，初步感知

在神秘的昆虫王国里，一群来自重庆的昆虫宝宝和它们的妈妈幸福地生活着。在蚂蚁城堡里，每天都发生着有趣的事。

（二）学习童谣，深入感知

1.观看视频，模仿节奏。

蚂蚁宝宝到城堡的菜园里搬运蔬菜。学生通过观看视频、自主学习，观察、学习蚂蚁搬运蔬菜的技巧，找出四分音符和八分音符所表现的搬运动作的不同。根据童谣的节奏，体验搬运游戏（搬运蔬菜）。

2.“说”童谣。

学生在搬运游戏中，一边搬运蔬菜一边念童谣，通过童谣的节奏掌握搬运技巧。在学习过程中，感受蚂蚁的团结协作精神。

3.“唱”童谣。

（1）老师范唱。

蚂蚁妈妈把童谣编成歌作为礼物，送给它的宝宝们。通过自弹自唱，加入钢琴伴奏，演唱童谣。

(2)学生演唱。

跟随钢琴,学生演唱童谣。

4.“创”童谣。

昆虫王国的其他小伙伴在劳动时也喊着带节奏的口令。小组进行讨论,为蚂蚁宝宝们选择一条节奏,编创劳动口令。

(1)小组合作讨论。

分组讨论如何根据昆虫劳动时发出的声音节奏编创口令。

(2)小组展示。

学生展示编创成果。

(三)总结课堂,升华体验

昆虫们为了建设自己的家园,齐心协力、团结一心。我们不仅要建设自己的家园,还要建设我们共同的家乡——重庆。让我们携手并进,共建美丽的新重庆。

九、板书设计

黄丝蚂蚂

(重庆童谣)

说　　唱　　创

【执教体会】

《黄丝蚂蚂》是一首游戏童谣。本节课充分结合新课标要求,设计为唱游课。课堂以情境创设为主,融入律动、表演等多种形式,结合蚂蚁的生活实际,设计了搬运游戏来开展音乐活动。通过观看视频,引出四分音符和八分音符的节奏型,让学生感受节奏型的时值,由浅入深地引导学生发挥想象,编创劳动口令。在编创过程中,学生通过合作学习,体会到蚂蚁是一个团结友爱的集体,学习它们热爱家园以及齐心协力创造美好生活的合作精神。

【指导点评】

执教老师根据二年级学生的特点,创设蚂蚁城堡这个情境,以蚂蚁的形象贯穿整个课堂。教师设计了搬运游戏——搬运蔬菜,让学生感知蚂蚁搬运东西时的合作精神。学生通过观看视频、自主学习,掌握了蚂蚁搬运东西的技巧,并感知到四分音符和八分音符的不同。在编创环节,教师让学生为其他昆虫设计劳动节奏口令,呈现昆虫们齐心协力共建家园的场景。

这首重庆童谣,不仅让学生感受到重庆方言的趣味,还学习了它们齐心协力,共同创造美好生活的合作精神。

满箩谷子满箩歌

执教者:蔡沁耘

学校:重庆两江新区鸳鸯小学校

上课年级:四年级

【教学设计】

一、课型

综合课。

二、作品分析

(一)作品背景

《满箩谷子满箩歌》是一首流传于重庆广大农村地区的童谣,用规整统一的节奏表达了劳动人民在稻谷丰收时的愉悦心情。

(二)作品要素

作品具有内容简洁、富有童趣,结构短小精悍,歌词朗朗上口、容易记忆等特点。

(三)作品解读

《满箩谷子满箩歌》具有较强的娱乐性和教育性。从文学角度来看,它属于民间口头文学,讲究音韵和谐,表现了纯真质朴的劳动人民吃苦耐劳的精神。

三、学情分析

四年级处于小学中段,是培养形象思维和逻辑思维的重要阶段。学生活泼好动、求知欲强、思维活跃,对音乐课有浓厚的兴趣。本节课重视对听辨旋律、视唱乐谱等音乐素养的培养。本课前,学生没有接触过劳动号子这种体裁,因此教师计划通过分析节奏和演唱形式的特点,让学生认识劳动号子并表演。

四、教学目标

1. 审美感知:通过诵读和演唱《满箩谷子满箩歌》,感受劳动人民吃苦耐劳的精神。

2. 艺术表现、创意实践:尝试喊抬工号子;在劳动活动“打谷子”“喊号子”中感受节奏;运用伴奏,在二度创作中形成多个声部的合作。

3. 文化理解:认识金钱板,知道金钱板的几种打法并为歌曲伴奏;认识劳动号子,在艺术实践活动中体验劳动号子的特点,感受非遗文化,增强文化自信。

五、教学重难点

教学重点:说、唱童谣《满箩谷子满箩歌》,在二度创作中感受金钱板、抬工号子等非物质文化遗产的魅力。

教学难点:在“打谷子”“喊号子”等活动中提取音乐元素,形成多个声部的合作。

六、教学准备

多媒体、钢琴、金钱板、锣、鼓、木鱼等。

七、教学流程

(一)说童谣

1. 导入:创设“音乐之旅”的情境。教师用重庆方言诵读童谣,并用金钱板伴奏。学生聆听,初识童谣。

教师:今天的音乐之旅会到哪里呢?你想象到了怎样的画面?

(学生自由回答想象中的画面。)

【设计意图】教师用重庆方言诵读童谣,并使用金钱板伴奏。方言说唱让学生有耳目一新的感觉,激起了他们的兴趣。

2. 揭题:学生回答后,教师揭题。

3. 认识金钱板,了解金钱板的打法,学生打板说唱童谣。

教师介绍金钱板,并带领学生分辨金钱板的四种打法。

师生一起打金钱板。

【设计意图】认识金钱板，了解金钱板的打法，并用金钱板为课堂活动伴奏，既宣传了非物质文化遗产，又保持了课堂氛围的热烈。

(二)唱童谣

1.初听原创歌曲：教师示范演唱，出示两张乐谱，让学生在聆听时找出正确的乐谱。

（学生聆听，辨析旋律。）

教师：老师还将这首说唱童谣写成了歌。仔细聆听，哪首是我心中的丰收之歌呢？

【设计意图】在聆听中辨析旋律。

2.出示乐谱：学生观看乐谱，找到旋律特点。

（学生通过观察，发现二、四句旋律一样，带有说唱的特点。）

3.随钢琴演唱相同乐句旋律。师生接唱。

（学生一边划拍一边视唱。）

4.完整演唱：教师引导学生在演唱时表现重庆人民的耿直与豪爽。

（学生一边划拍一边演唱。）

5.认识劳动号子：以“一人唱歌众人和”为切入点，介绍劳动号子。

（1）聆听音频，在“合唱、齐唱、一领众和”三个选项中找出正确答案。

教师：歌词当中有一句“一人唱歌众人和”，这是怎样的演唱形式呢？让我们在音乐中找答案。

（学生思考后回答号子的演唱形式：一领众和。）

教师：我们也跟着这支队伍合唱起来！

【设计意图】学生合唱，感受劳动号子的魅力。

教师：你听到了哪些有趣的声音？

学生：整齐的脚步声和木棍发出的声音。

（学生模仿踏着整齐的步伐、左手拿棍进行合唱表演。）

（2）在音频中体会音乐场景：劳动场景。

教师：他们在做什么呢？

（3）在音频中找出号子的节奏特点：强劲有力。

教师：节奏有怎样的特点呢？

（学生通过聆听，发现号子强劲有力的特点。）

（4）引出劳动号子。简要说明劳动号子的作用：调整呼吸、统一步伐、鼓舞情绪。

（教师带领学生喊号子，指导学生避免喊叫，力量集中在小腹。）

教师：这种节奏强劲有力，运用一领众和的演唱形式来描述劳动场景的音乐，就是劳动号子。刚才,我们听到的是重庆的抬工号子。工人们喊号子,有利于调整呼吸、统一步伐、鼓舞情绪。

教师:你瞧,咱们满箩的谷子要运到粮仓,我们也把号子喊起来嘛!

(教师带领学生尝试喊号子。)

教师:梁平抬工号子里,领头的叫作"尖子"。谁来当"尖子",带领我们这支丰收的队伍?

(学生推选出领唱,带领大家喊号子。)

【设计意图】以"一人唱歌众人和"的特征来认识劳动号子,引领学生在艺术实践活动中体验劳动号子的特点,感受传统文化,增强文化自信。

(三)奏童谣

1.将号子融入童谣《满箩谷子满箩歌》中。

教师:我想把抬工号子加进这首童谣。你会加到哪里?

(学生自由回答并尝试将号子加入童谣。)

2.观看打谷子的视频。将打谷子的节奏变为声势、动作,并加入锣、鼓、木鱼伴奏,形成多个声部的合作。

教师:在众人齐心协力下,满箩的谷子装进了粮仓。你听,谷子还唱起了歌儿。将你听到的声音用动作表现出来。

教师:你看到农民伯伯们在做什么?(打谷子)谁愿意来带领我们打谷子?

(学生在教师的指导下进行创意实践活动。)

3.集体表演。

教师:丰收节就要到了。丰收的锣鼓谁来敲?丰收的谷子谁来打?丰收的号子谁来喊?丰收的歌儿谁来唱?

(分配任务,初次排练。)

【设计意图】让学生明确自己的角色,为多声部合作做准备。

教师:老师期待你们在丰收节上精彩的表现!

(学生集体展示。)

结语:你们的演出非常精彩。重庆的劳动号子还有哪些呢?课后大家可以收集资料,下节课咱们继续分享。

八、板书设计：

满箩谷子满箩歌

劳动号子：节奏强劲有力；一领众和；劳动情境

【执教体会】

在流行歌曲成为主流的当下，民歌、童谣变成了蒙尘的珍珠。本节课开始，我采用开门见山的方式用方言说唱童谣，并使用金钱板伴奏。方言说唱让学生有种耳目一新的感觉，并认识了金钱板，激起了兴趣。让学生用金钱板为课堂活动伴奏，既宣传了非物质文化遗产，又保持了课堂的热烈氛围。

备课时，我为《满箩谷子满箩歌》编曲，增加了童谣的传唱度，让它既能吟诵又能演唱。学生在感受童谣中表现的丰收喜悦时，也能挖掘歌词的内涵。我以“一人唱歌众人和”为切入点，带领学生了解劳动号子，在体验中总结劳动号子的几大特点，并将抬工号子融入音乐活动中，辅以金钱板、锣、鼓等的伴奏，形成多个声部的合作。学生的参与度提高、自信心增强，课堂氛围浓厚。

【指导点评】

执教老师课前准备充分，查阅了重庆各地的劳动号子，并采用抬工号子等音乐元素为童谣编曲。教师充分利用多媒体的教学优势，为学生创造了良好的音乐情境，激发了学生的学习热情，调动了学生的学习积极性。教学步骤设计合理，由浅入深，循序渐进。教学重难点突出，板书清晰有条理。教师基本功扎实，知识讲解准确，问题指向性明确，过渡语简洁，学生参与度高，师生配合默契，轻松达成了教学目标。尤其可贵的是，本节课将体验式德育融入其中。不足之处是，编创环节还可以更丰富，让学生展开多种形式的编创，如从一人“打谷子”的律动变为多人合作“打谷子”；课堂评价的指向性也可以再明确和优化。

青菜萝卜菜

执教者：任璐

学校：重庆市南岸区珊瑚实验小学校

上课年级：一年级

【教学设计】

一、课型

唱游课。

二、作品分析

（一）作品背景

《青菜萝卜菜》是一首木洞山歌，以学生熟悉的蔬菜为内容，从儿童的心理出发，讲述了一段故事。整首歌曲诙谐幽默，充满浓厚的生活气息。

（二）作品要素

作品采用2/4拍，速度轻快，短小精悍，节奏明快，符合低年级儿童的演唱特点。歌曲为民族羽调式，具有小调民歌的特点。前倚音凸显出重庆方言的音调特点，营造出劳动的愉快氛围。

（三）作品解读

木洞山歌体现了重庆的人文特色，是宝贵的非物质文化遗产。《青菜萝卜菜》来源于生活，歌词朗朗上口，具有音韵美和节奏感，简洁工整又错落有致。从文学角度看，它属于民间口头文学，讲求音韵和谐、内容有童趣。前四句最后一个字分别押韵，音韵流畅。歌词符合低年级学生的身心特点，趣味化、情境化、生活化，有利于培养学生喜爱方言文化、热爱本土音乐文化的热情。

三、学情分析

1. 一年级学生活泼好动,对贴近生活的事物有浓厚兴趣,模仿能力强。

2. 他们还没有建立起音高概念,音准有待提高。

3. 能够安静地聆听,感受强弱、高低、快慢等音乐要素,体会音乐情绪。能用正确的姿势、自然的声音有感情地独唱或齐唱,并跟随教师用肢体语言感受音乐。

4. 在唱游活动中,能按要求随音乐进行动作模仿、角色扮演,能利用身边的物品制造声音,探索和表现音乐。

四、教学目标

1. 在唱游活动中感受歌曲轻快、诙谐的情绪和浓郁的乡土氛围。在丰富多彩的音乐体验中,培养热爱家乡的情感、积极乐观的生活态度。在艺术实践中,初步建立规则意识和合作意识。

2. 能够保持正确的歌唱姿势,用自然的声音轻松歌唱。运用方言进行音乐形象塑造和情感表达,再现重庆方言儿歌。

3. 能随音乐用简单的肢体动作、律动等进行情景表现。能使用打击乐器或其他声音材料进行简单的伴奏。

五、教学方法

1. 模仿法:学生模仿教师用重庆方言声情并茂地演唱歌曲《青菜萝卜菜》,直观地感受重庆民歌的语言特点。

2. 体验法:完整、充分地聆听歌曲《青菜萝卜菜》,在丰富多彩的体验活动中,初步感知木洞山歌的本土韵味。

3. 合作法:学生在不同形式的合作(游戏合作、师生合作、歌曲表演分组配合等)中建立规则意识,提高协作能力。

4. 探究法:在聆听歌曲的过程中,培养学生的探究愿望。

六、教学重难点

教学重点:

1. 在丰富多彩的音乐体验活动中,熟悉歌曲旋律,尝试准确跟唱,再现音乐情境,初步感知木洞山歌的本土韵味。

2. 学生积极参与自主探索,发现规律。

教学难点：

1. 在音乐游戏中，按照歌词的顺序和节奏开展活动。

2. 歌词中儿化音、衬词的演唱。

七、教学准备

手风琴、音响、劳动工具、蔬菜篮、蔬菜头饰等。

八、教学流程

(一)情境导入：快乐的田园时光

1. 聆听歌曲。学生们想象自己在菜地里种菜、浇水，体验劳动的乐趣。

(聆听体验，在劳动的同时感受音乐。)

教师：你们在干撒子(重庆方言)呢？

学生：我们在种菜呀。

教师：累不累，过来休息哈撒(重庆方言)，听老师给你们唱首歌嘛！

学生：要得。走，去听老师唱歌！

【设计意图】劳动体验：分小组模拟在田间劳动，调动同学们的听觉(背景音乐)、动觉(小组合作劳动)、视觉(观察蔬菜)、触觉(刨土、浇水)等，创设劳动人民的生活场景。开场用方言和学生对话，为了解歌曲的语言文化做铺垫。

2. 再次聆听歌曲，教师表演唱《青菜萝卜菜》。

教师：等哈巴巴掌要拍起哦。

学生：要得要得(拍手)。

教师跟随伴奏进行歌唱表演，引导学生再次熟悉歌曲。

(学生随教师律动。)

【设计意图】通过教师演唱，学生再次完整聆听歌曲，感受、体验重庆民歌的地域特点，并在教师引导下用肢体动作表达自己的感受，突出趣味化、情境化特点。

(二)了解背景知识并朗读歌词

1. 了解背景知识(音乐文化知识体验)。

学生：老师，这首歌曲你之前放给我们听过，名字叫……

教师：是的。《青菜萝卜菜》这首歌曲我们一起听过，还让你们回家再了解了解呢。

学生:我知道,它是我们重庆的山歌,要用重庆话来唱哦。

教师:这首《青菜萝卜菜》是我们重庆巴南地区的木洞山歌。木洞山歌源远流长,以前人们在田间地头劳动时相互传唱,流传至今,2006年还被评为国家级非物质文化遗产呢!

学生:哇,这么厉害。

教师:对呀。木洞山歌分好多种,撒子打谷子的歌,抓螃蟹的歌,还有摸鱼的歌,好耍得很。不过我最喜欢的还是种菜歌。你们都喜欢种什么菜呀?

学生:青菜、萝卜、蒜苗儿、豌豆尖儿……

教师:青菜萝卜菜,蒜苗儿嘛豌豆尖儿……

【设计意图】开展音乐文化知识体验,为讲解乡土音乐文化做铺垫。学生通过课前预习,发挥主观能动性,用自己的语言和动作描述对木洞山歌的理解。

2.朗读歌词(语言文化体验)。

第一遍:教师读一句,学生重复一句(加入肢体动作)。

第二遍:教师带学生再次朗读(加入简单的节奏伴奏)。

青菜萝卜菜,蒜苗儿嘛豌豆尖儿,

长得逗人爱啥,油菜白菜藤儿。

我亲手种的菜,装满了小竹篮儿,

送到外婆家啥,油菜白菜藤儿。

【设计意图】尝试理解乡土音乐文化,体验语言文化及生活情境。用方言朗读歌词,能激发同学们对重庆本土音乐的好奇心和探究欲,为接下来的角色扮演做铺垫。

(三)角色扮演(游戏体验)

教师:我们来玩给外婆送菜的游戏吧!

学生:好啊好啊,怎么玩呀?

教师:同学们分成红、黄、蓝队三个队。每队八名同学,其中一人扮演外婆,其他人扮演歌词中的蔬菜。音乐开始后,外婆首先出列,蔬菜们根据自己在歌词中出现的先后顺序,依次跟着外婆踏步前行。由扮演蔬菜的最后一名同学开始,依次往前传菜,在音乐结束时将菜放进外婆的篮子里,游戏结束。整个过程中,所有动作都要配合音乐的节拍进行。控制好传菜的节奏哦。

(教师宣布游戏规则的同时,同学们佩戴头饰,相互鼓励,准备就绪。)

教师:准备好了吗?游戏开始!

1.第一轮游戏。

(播放音乐,教师提醒同学们听歌词,踏步时踩着音乐节拍前行。)

教师：让我来看顺序对不对。

（教师选择顺序正确的小组来示范。）

教师：青菜萝卜菜……

（教师引导同学们唱着歌词来检查顺序，并鼓励大家用同样的方式检查另外两队。）

教师：黄队非常棒，顺序正确。谁来帮我看其他两队？

（根据学生检查的情况，教师最后确认并给予鼓励。）

教师：我们的游戏规则是顺序正确，动作要配合音乐进行。我宣布第一轮黄队获胜。谁来分享获胜秘诀？

学生：要仔细听歌词中菜名的顺序。

学生：我们配合得好，跟着音乐节拍来送菜。

老师：那请黄队给大家示范一次。其他同学仔细观察，一起加油！

【设计意图】角色扮演能调动听觉、动觉、视觉、触觉等，使学生在玩中学、乐中学，熟悉歌曲旋律和歌词，增强规则意识、集体意识和合作能力。同时，激发同学们的主观能动性，以玩促学，以玩促教。

2.第二轮游戏。

（获胜队展示，教师带领其他同学在一旁加油。引导同学们跟着歌曲轻唱歌词，模仿优秀队员的动作节拍。）

3.第三轮游戏。

（教师鼓励同学们跟随音乐节拍、唱着歌词进行游戏。总结游戏中同学们团结合作的精神。）

【设计意图】学生在游戏过程中发现问题、解决问题、探究规律，自主完成学习方式的转变。

（四）解决难点，完整练唱

（教师拉着琴，带着学生来到小舞台，学生跟着琴声唱歌曲。）

教师：哇，你们都会唱了？

学生：对呀，都听了好多遍，早就会了。

教师：那有没有不好唱的地方，需要老师帮助的？

学生：我唱到“蒜苗儿嘛豌豆尖儿”那里有点跟不上。

教师：（出示歌谱）是这一句吗？“蒜苗儿嘛豌豆尖儿”。

（学生点头。）

教师：这里有个“嘛”字。我们叫它衬词，是木洞山歌的特点。可以轻一点儿唱，蒜苗儿嘛豌豆尖儿……

（学生跟随教师用身体动作配合练唱。）

教师：还有什么地方需要老师帮助的吗？

学生：老师，“外婆接过菜”那里我们唱得还不是很好。

教师：你的耳朵可真灵。最后这两句节奏发生了变化，有点难。同学们可以先做动作，老师来唱，你们配合一下。

（教师拉着琴，学生模仿外婆走路的动作，教师范唱。熟悉后，师生一起完整演唱歌曲。）

【设计意图】在学生自主学习的基础上，教师巧妙点拨，培养学生解决问题的思维，提高解决问题的能力，提升艺术表现能力。

（五）完整表演

教师：接下来，大家用自己喜欢的方式来表演《青菜萝卜菜》。

（学生随伴奏音乐以多种形式表现歌曲，如领唱、分组对唱、齐唱。）

【设计意图】鼓励学生融入个人感受，进行创造性的表达。

（六）课堂小结

教师：同学们，今天我们体验了田间地头的劳动乐趣。大家相互合作，勇于挑战，乐于分享，在爱的包围中幸福成长。最后，让我们唱起家乡歌，吃起家乡菜，传递家乡情，不忘家乡味。

（师生在手风琴声中，唱着歌结束本课。）

【设计意图】激励学生传承与发扬乡土音乐文化，提炼重庆民歌所蕴含的表现形式、文化背景和地域风貌，促进文化理解。

【执教体会】

本课从学生熟悉的蔬菜名出发，用一首歌讲述一段故事，引导学生体会音乐情感，了解、热爱重庆民间音乐文化，尝试感知音乐与社会的关系。

本课践行新课标理念，积极转变学习方式，落实学为中心，构建以人为本的生本课堂；以劳动体验、教师讲授、角色扮演、艺术表现为路径，充分发挥学生的主观能动性，使他们在玩中学、乐中学、动中学，成为课堂的主角。同时，我积极尝试学科融合，探讨方言对音乐情感表达和形象塑造的作用。

【指导点评】

新课标明确提出，要加强音乐教学与现实生活的关联，贴近学生心理和生活实际。音乐教学中，要注重音乐教学的活动化、游戏化、生活化。任璐老师执教的《青菜萝卜菜》便是这样一节特色鲜明的音乐活动课。

根据歌曲的内容特征和学生的身心特征，任老师让学生模拟在田间劳动，激发了学生学习音乐的动力；接着又通过一系列音乐游戏活动，引导学生突破难点和重点；最后在丰富的音乐游戏活动中，有效地进行劳动教育、品德教育和艺术教育。

红萝卜　蜜蜜甜

执教者:代意琳

学校:重庆市沙坪坝区学府悦园第一小学校

上课年级:二年级

【教学设计】

一、课型

唱游课。

二、作品分析

(一)作品背景

《红萝卜　蜜蜜甜》是一首传唱已久的童谣,反映了川渝儿童对过年的期盼。歌曲中的"红萝卜"有着丰厚的川渝民俗文化底蕴。"冬吃萝卜夏吃姜""腊月做年货,香肠腊肉,红萝卜"等俗语,构建了独属于川渝儿童的春节印象。

(二)作品要素

歌曲为2/4拍,A羽六声调式(变宫),有三个乐句。第一乐句旋律起伏,带有附点节奏,具有活泼俏皮的感觉。第二乐句,两个乐段旋律一致,有两个空拍,给人一种可爱的感觉。第三乐句旋律起伏,推动情绪发展,体现出小孩子期待过年的心情。

(三)作品解读

作为一首具有浓郁民俗气息的川渝童谣,《红萝卜　蜜蜜甜》歌词当中的"萝卜炖嘎嘎""穿花鞋""打毽"等重庆方言,充分体现了重庆话俏皮风趣的特点。其中的"红萝卜"代表着重庆人对生活的热爱,展现出川渝童谣贴近生活的特点。

三、学情分析

二年级学生对音乐有了一定的认知和见解,有能力、有兴趣参与演唱活动。对于川渝文化,他们已经有了一定的体验。在课堂上伴随音乐进行日常生活场景想象,对二年级学生来说难度不高。通过肢体动作、语言表达提高学生对音乐的感知是本课的重点。

四、教学目标

1.通过聆听、模仿,了解并展现重庆方言的俏皮有趣。

2.能通过歌词想象生活场景并表演。

五、教学方法

体验性音乐教学法。

六、教学重难点

教学重点:能自信地模仿重庆方言,并饶有风趣地读、唱歌曲。

教学难点:将音乐想象具体地表现出来。

七、教学准备

1.白板、钢琴、大鼓、舞狮等。

2.学生了解部分重庆言子。

八、教学流程

(一)导入

教师:同学们,欢迎来到音乐课堂。好精神呀!奖励你们猜个小谜语,看谁的反应最快!欢天喜地迎新春,敲锣打鼓笑开颜!——打一个节日!

学生:春节。

教师:同学们,和老师一起寻找新年中的重庆味道。你知道哪些有意思的方言?

学生:"吃转转席"等。

教师:出示"要得""吃嘎嘎""逛街街"。

(师生共读。)

【设计意图】《红萝卜　蜜蜜甜》歌词中的重庆方言很多，能帮助学生快速体会到川渝童谣贴近生活、风趣幽默的特征。

(二)学习进程

第一学程：寻味。

教师：重庆言子不仅运用在生活中，还能写在童谣里。接下来老师带来一首童谣，大家仔细听，哪些字最有重庆味儿？

（学生聆听伴奏，教师读童谣。）

学生："蜜蜜""好耍"……

教师：你的重庆话真有韵味！这么有趣的童谣，老师想和你们合作读一读。老师读红色部分，你们读黄色部分。

教师：真有节奏感！富有重庆味的念白，仿佛新年就在眼前！这首歌不仅可以念出来，还可以唱出来哟！听听看，歌曲的情绪是什么？你想到了什么？

（范唱歌曲。）

教师：谁来说？

学生：热烈。

【设计意图】童谣生动形象地描绘了儿童的生活。借助学生已有生活经验，我从常用的重庆方言引入，让学生发现歌词中重庆方言的共同点，了解并模仿有趣、俏皮的歌曲，感知川渝音乐的魅力。

第二学程：演味。

聆听并熟悉童谣，体验其中的韵味，感受重庆童谣贴近现实生活的魅力和重庆方言的韵味。

教师：聆听歌曲时，你想到了什么场景？

学生：过年大家踢毽子、放鞭炮、要红包！

教师：说得真好，老师都有画面感了。看，这是什么？

（出示吃火锅、逛年会图片。）

教师：用重庆话怎么说？

学生：吃火锅、逛街街。

教师：过年，一家人齐聚一堂，吃着香辣可口的火锅；和亲朋好友一起到热闹的年市上买东西，是多么开心的事情呀！

教师：伴随音乐，小组合作，你们能演出来吗？

（学生合作编创。）

教师：谁来展示？

(学生展示,教师点评。)

【设计意图】学生通过对歌词的了解,自发展开想象。在教师提供的素材的引领下,学生能很快地将音乐想象具象化,更贴切地感知童谣的趣味性,从而产生喜爱之情。

(三)学习总结

教师:新年逛年市,唱唱重庆词!富有生活气息的重庆童谣,将我们带到了年市的现场。年市上不仅有贴近生活的童谣,还有历史悠久的舞狮。同学们,让我们和重庆舞狮队一起过个重庆年!

(敲击节奏,舞狮表演。)

教师:同学们,重庆年好不好玩呀?快将这首俏皮的童谣教给你的朋友们吧!同学们再见!

【设计意图】通过年市的热闹氛围营造,让学生身临其境。经过多次听唱,大部分学生能演唱歌曲。通过舞狮的引入,学生和舞狮队一起过有历史背景的重庆年,演唱风趣的童谣,将学生的兴趣进一步提高。

九、板书设计

重庆春节

红萝卜　蜜蜜甜

寻味　　　　演味

【执教体会】

《红萝卜 蜜蜜甜》是描述重庆儿童过年的欢乐情景的童谣,歌词深得学生的喜爱。本次教学过程中,学生聆听音乐后的自发想象令人惊喜。特别是小组合作表演模拟吃火锅时,扮演客人的同学说出的“买单!”,座位上同学回答的“要得!”,都是同学们发自内心地认同并喜爱重庆童谣的表现。

【指导点评】

本节课构思新颖,教学环节之间衔接精巧,课堂教学流利通畅。教师仔细分析了教材,选择了恰当的教学方法,使各环节自如地过渡,课堂教学保持了整体性。学生自主编创,其乐无穷。

本节课充分体现了学生的主体地位。例如,编创活动环节是课堂教学的“华彩乐段”,此时学生注意力最集中,积极性最易发挥。教师充分利用了这一有利时机,让学生分组编创并展示,自主探索,教师只稍加点拨。

教师基本功扎实,课堂效率高。在这节音乐课中,无论是弹还是唱;无论是教师的表演,还是教师的语言、教态,都显示出极高的音乐素养。

小鸭乖乖

执教者:易勤

学校:重庆市万州区百安小学

上课年级:三年级

【教学设计】

一、课型

综合课。

二、作品分析

(一)作品背景

这首童谣属于巴渝方言童谣。乐观豁达的巴渝人经常采用押韵、对仗等方式,将日常生活、劳动等场景进行即兴编创,形成朗朗上口的童谣,广为流传。

(二)作品要素

韵脚、对仗、即兴编创、巴渝民歌音调。

(三)作品解读

这首童谣活泼有趣、简明易懂,是重庆地区妈妈唱给孩子听的摇篮曲,表现了小鸭走路时一瘸一拐的可爱形象,表达了母亲对孩子的呵护与关爱。童谣简短而富有趣味,对三年级学生来说,学习起来较容易。学生在掌握了起承转合的韵律后,可以用不同的节奏来编创,表现不同的情境。

三、学情分析

三年级学生活泼好动，善于模仿，表现欲强，有较好的音乐学习习惯。他们已掌握一定的乐理知识，对旋律、节奏、力度等音乐要素有一定的感知能力，但在音乐创造力和音乐表现力方面有待提升。

四、教学目标

1. 诵读童谣，体验起承转合的押韵特点，理解童谣与诗歌的关系。

2. 编创不同节奏的童谣，融入情境表演；体验速度、节奏等音乐要素在音乐表现中的作用，激发创作兴趣。

3. 通过诵读、表演巴渝童谣，理解音乐来源于生活，喜欢演唱当地歌谣，关注身边的民间音乐活动。

五、教学重难点

童谣节奏编创及情境表演。

六、教学准备

课件等。

七、教学流程

(一)巴渝童谣导入

教师：小时候，外婆教会我这样一首童谣。

(教师分享童年有趣的童谣。)

教师：这首童谣有趣吗？你还听过哪些童谣？谁来分享一下？

(学生聆听、分享童谣。)

(二)创作手法学习

1. 出示童谣。

教师：今天老师给大家带来了一首重庆方言童谣《小鸭乖乖》。请大家试着读一读。

教师：你觉得这是一只怎样的小鸭？

（学生回答。）

教师：是的，这真是一只乖乖的小鸭。请同学们观察一下每句的最后一个字，有什么发现？

（教师出示童谣，引导学生朗读并找出规律。）

（学生自由朗读，并观察每句最后一字，找规律。）

2.感受童谣韵律。

教师：同学们观察得很仔细，在童谣《小鸭乖乖》中，一、二、四句的最后一字韵母相同，这叫作押韵。押韵的字在最后，就叫作韵脚。

教师：同学们，你们知道为什么第三句没有押韵吗？

（学生回答。）

教师：起承转合是一种艺术创作手法。第一句起韵，第二句押韵，第三句转折变化，这时就不需要押韵，第四句合上韵律。这样使得作品结构严谨，曲折有致，读起来朗朗上口，便于流传。

（三）童谣节奏编创

教师：童谣还可以用不同的节奏来表现。下面我们来为这首童谣编创节奏。你们可以多次朗读，找到语言本身的节奏，还可以根据童谣的内容进行编创。请在以前学过的节奏型中，选择你认为合适的节奏，来表现童谣《小鸭乖乖》。试着读一读吧！

（学生根据对歌词的理解，创作合适的节奏，读《小鸭乖乖》。）

教师：谁愿意来展示你编创的节奏？

（教师选择两位同学展示。）

（学生A展示编创的节奏，并说出理由。）

（教师记录学生A编创的节奏。）

（所有学生一起读学生A编创的节奏。）

（学生B展示编创的节奏，并说出理由。）

（教师记录学生B编创的节奏。）

（所有学生一起读学生B编创的节奏。）

教师：我根据小鸭子愉快的心情，也编创了一条节奏。

（教师展示节奏。）

$\frac{2}{4}$ X. X X X | 0 0 | X. X X X | 0 0 ‖

教师:请大家试着读一读。

教师:我来读一读这条节奏。在有休止符的地方,请你们拍手,与老师配合。

教师:你们来试一试。

教师:加入童谣读一读。

(全班展示。)

(四)童谣情境创作

(教师出示三幅图片,分别为小鸭子玩耍、回家、睡觉三个场景。)

教师:请同学们看一看,这里有三个不同的场景。第一个场景,小鸭子在干什么?

学生:小鸭子在玩耍嬉戏。

教师:这个场景,你觉得可以用刚才我们编创的哪一条节奏来表现?为什么?

(学生回答。)

教师:第二个场景呢?

学生:小鸭子排队走在回家的路上。

教师:这个场景适合用哪一条节奏来表现?为什么?

(学生回答。)

教师:第三个场景呢?

学生:小鸭子睡觉了。

教师:这个场景适合用哪一条节奏来表现?为什么?

(学生回答。)

教师:在巴渝地区,很多妈妈用这条节奏唱着《小鸭乖乖》哄宝宝睡觉。让我们一起用摇篮曲的节奏再读一次这首童谣,想象我们也在哄小鸭子入睡吧。

教师:同学们根据这三条节奏各自的特点,选择了适合它们的场景。下面我们分组,用童谣和动作相结合的方式来表现这三个场景。第一组表现场景一;第二组表现场景二;第三组表现场景三。开始练习吧!

(学生分组,并根据不同的场景编创动作,表现童谣。)

(教师巡回指导,带领每组完成表演。)

(五)童谣情境表现

教师:同学们,同一首童谣,为什么能表现不同的场景呢?

(学生回答。)

教师:节奏和速度的变化,可以表现不同的音乐形象。刚才的表演,你最喜欢哪一组?

(学生相互评价。)

(教师对学生的表演进行点评。)

(六)拓展

教师:老师还给大家带来了几首巴渝地区广为流传的童谣,里面有你熟悉的吗?读一读。

教师:童谣是外婆桥边的潺潺流水,童谣是绿草地上的欢乐笑颜。童谣里饱含着对家乡的礼赞,童谣里渗透着巴渝人民的豁达乐观。同学们,我们身边还有很多方言童谣,让我们去发现这些宝藏吧!

八、板书设计

小鸭乖乖(重庆方言童谣)

节奏1: $\frac{4}{4}$ X X X X | X X X X ‖

节奏2: $\frac{3}{4}$ X X X X | X X X X ‖

节奏3: $\frac{2}{4}$ X. X X X | 0 0 | X. X X X ‖

【执教体会】

我在教学过程中转换角色,改变已有的教学行为,引导学生编创节奏、旋律来表现不同的音乐情趣。教学中,我尊重学生的生活经验和相关知识储备。

教学后,教师应勤于记忆,促进自己不断进步。要记成功之处,每一次成功的教学都会有或大或小的亮点;也要记失败之处,及时调整改进,为下次的课做准备。还要记教学机制,记课堂教学中迸发的精彩火花。

教然后而知困,只有不断地反思,才能提升教学水平。

【指导点评】

本节课通过找韵脚、创节奏、演情境等教学环节，进行综合性、互动性的教学，激发了学生的创新思维，是一节优质的音乐课。

《小鸭乖乖》是妈妈唱给孩子的摇篮曲，具有浓郁的乡音乡韵。易老师引导学生诵读童谣，找出童谣的韵脚，得出童谣具有起承转合的音韵规律，为后面的节奏编创与艺术表现打下了良好的基础。同学们用步态模仿小鸭排队回家，用律动表现小鸭酣然入睡，积极参与音乐活动，展现了良好的审美感知力和艺术表现力。

易老师在教学中引导学生真编创、真表现，随后又引导学生体验依字行腔，赋予童谣音高，并借用课堂乐器，创作出了风格各异的《小鸭乖乖》。

打夯歌

执教者：冉鹏玲

学校：巫溪县长春小学校

上课年级：四年级

【教学设计】

一、课型

唱游课。

二、作品分析

(一)作品背景

歌曲《打夯歌》描绘的是盖房子、修河坝、打地基的活动场景。人们在打地基时，由两个或四个人高抬猛放，为了能够劲往一处使，必须有一人喊号子，其余人答应。如此一呼一应，整首歌曲显得雄浑而有力量。

(二)作品要素

《打夯歌》是一首短小的石柱民歌，2/4拍，两个乐句。乐曲中加入了劳动号子，让歌曲更有力量感。歌曲中融入石柱“啰儿调”的音乐要素，起承转合，朗朗上口。

(三)作品解读

《打夯歌》歌词描写了20世纪五六十年代劳动人民打夯的场景。他们齐心协力修筑堤坝、盖房子、打地基，边干活边喊劳动号子，越干越有劲。

三、学情分析

四年级学生已经掌握了基本的节拍，能够辨别不同节拍。随着生活范围和认知领域进一步发展，他们体验、感受、探索、创造的能力也在增强，但部分同学性格内向，在音乐活动中不善于表达自己的情感。我们要组织音乐活动来激发他们的兴趣，让他们主动参与活动。

四、教学目标

1.学唱歌曲《打夯歌》，感受石柱民歌的魅力。

2.分角色演唱歌曲，体验“一领众和”的演唱形式。

3.通过音乐活动，让学生主动参与，培养团队协作精神。

五、教学方法

体验式音乐教学法、实践性音乐教学法。

六、教学重难点

1.通过音乐活动，让学生体验打夯时大家一起劳动的激情与快乐。

2.体验不同的劳动号子，了解用怎样的声音来演唱。

七、教学准备

老师自制的打夯模具、电子琴、课件。

八、教学流程

（一）互动参与

教师：同学们，今天老师带领大家一起来体验一项体力劳动。请边听音乐边跟着老师动起来。

教师：你们能猜出刚才在做什么劳动吗？

（出示图片，揭示课题“打夯歌”。简要介绍什么是夯、打夯是干什么。）

【设计意图】通过让学生参与活动来提高他们的好奇心，接着用图片揭示本课的课题。

（二）体验互动

1.引出劳动号子。

教师：同学们，刚才我们一起打夯的时候，如果你们能在一旁加油鼓劲，我们会完成得更好。来，加上老师刚才喊的号子喊起来。

（出示第一种劳动号子。）

2/4 X X | X X |
嘿 呦 嘿 呦

（出示第二种劳动号子。）

2/4 X. X X | X. X X |
呦 嗬 嘿 嘿 哟 嘿

2.喊号子。

（学生尝试喊第一种号子，加上有力量感的动作来体会。）

3.同学们听。

（老师用“较连贯”和“较跳跃”这两种不同的声音来喊号子，让同学们体会哪一种更有力量感。）

【设计意图】让学生谈论喊号子的好处，为劳动增加气势，体会号子带来的力量感。

4.加入歌词，和学生互动读歌词。

（出示歌曲，请学生观察并找出劳动号子在歌曲中出现在哪几个小节。）

【设计意图】师生合作，在读歌词的过程中感受“一领众和”。

（三）唱歌曲

1.请你们听听，劳动号子的音高一样吗？

（出示号子的音高，请学生看一看，对比着唱一唱。）

2.观察歌词中的“领”和“和”。

（学生唱“和”的歌词，教师唱“领”的部分，体会“一领众和”的演唱方式。）

3.分角色演唱歌曲，加入道具，边劳动边演唱。

【设计意图】模仿劳动场景，感受劳动带来的激情与快乐。

4.让学生尝试着编创劳动号子，并把它加入歌曲当中，尝试着唱出来。

【设计意图】学生结合自己的生活实践编创劳动号子，感受劳动带来的快乐和团队协作的成就感。

（四）致敬劳动者

教师：同学们，我们的先辈就是用这样简单的工具，创造了一个又一个奇迹。

（播放视频。）

【设计意图】用影片《横空出世》中将军冯石和科学家陆光达带着科研部队在西北荒漠奋斗的故事，激发同学们的爱国情感。

(五)献给劳动者的歌

在"五一"国际劳动节来临之际，让我们用歌声去赞美各行各业辛勤的劳动者吧！

九、板书设计

《打夯歌》

劳动号子　　　　　　演唱形式：一领众和

【执教体会】

在设计微课之初，我仔细研读教材，查阅相关资料，制作了简单的打夯工具，目的在于让学生们感受到打夯时大家齐心协力的激情。石柱民歌《打夯歌》是民间劳动号子，只有让学生参与到劳动中，才能真正体会劳动所带来的激情与快乐。

在教学目标和课堂环节的设计上，我以学生的互动式体验为主，时刻关注学生的学习体验。为进一步加深学生对劳动号子的印象，我们观看了电影《横空出世》中的一个片段。当里面劳动号子的声音响起，同学们一下就"加入"了他们。

这节微课也有很多不足之处，如没能让更多的同学参与打夯的活动，在演唱劳动号子时存在音准和节奏不准等问题。

【指导点评】

微课《打夯歌》无论从教学设计、课堂把握和教具的设计，还是教师的语言神态，都体现出了音乐教学的美感。教师从《打夯歌》这首石柱民歌中最具特色的劳动号子入手，带着同学们模仿劳动人民一边打夯一边喊劳动号子的场景。号子的节奏从易到难，同学们的学习兴趣也逐渐高涨。原本枯燥的号子在冉老师巧妙的设计中变成了本堂课精彩的一环。冉老师紧紧围绕怎么突破教学重难点来设计教学，课堂氛围浓厚，同学们在欢快的氛围中做到了玩中唱、唱中学。

一节课是否精彩，除了看教师的教，还得看学生的学。在本节课中，教师创设了不同的情境，让学生积极地参与活动。更难能可贵的是，冉老师在歌曲教学中把"致敬劳动者"的主题贯穿始终，让学生形成热爱劳动、懂得感恩的良好品质。

太阳出来喜洋洋

执教者：王淑琴

学校：重庆市开州区西街初级中学

上课年级：七年级

【教学设计】

一、课型

综合课。

二、作品分析

《太阳出来喜洋洋》是一首地道的重庆民歌，由重庆词作家金鼓先生作词。2004年被石柱土家族自治县提名当作县歌。2006年，石柱土家族的啰儿调入选国家级非物质文化遗产名录，《太阳出来喜洋洋》是其代表作之一。2007年，这首歌曲被联合国教科文组织评为“世界经典民歌”。歌曲采用五声调式，旋律高亢欢快，歌词采用了大量衬词，唱起来朗朗上口。歌曲表现了重庆劳动人民勤劳勇敢、热爱生活的品质，顺波音的使用更是体现了重庆劳动人民积极向上的生活态度。

三、学情分析

七年级同学活泼好动，对音乐有强烈的兴趣，有强烈的好奇心和表现欲望。他们具备一定的识谱视唱能力，学习过顺波音和连音线。衬词在以往的学习中也接触过。本节课重在探讨和体验歌曲的表现形式，使学生在歌曲的不同表现形式中感受其风格特点，理解本土音乐文化传承的重要性。

四、教学目标

1.正确、有感情地演唱歌曲《太阳出来喜洋洋》。

2.结合衬词的特点进行编创，探讨并展示歌曲的多种表现形式。

3. 在各种体验活动中感受重庆民歌的风格特点，以及重庆人民勤劳勇敢、热爱生活的品质。

五、教学重难点

教学重点：结合衬词的特点进行编创，探讨并展示歌曲的多种表现形式；感受重庆民歌的风格特点。

教学难点：理解本土音乐文化传承的意义。

七、教学准备

1. 多媒体、钢琴、竹琴。

2. 学生课前分小组探讨歌曲的表现形式，做好交流和展示的准备。

八、教学流程

（一）导入

教师：在上节课，我们学唱了重庆民歌《太阳出来喜洋洋》。

（教师出示课题。）

【设计意图】快速引入课题，简洁明了。

（二）新课

（教师出示PPT。）

1. 歌曲简介。

（1）作者：重庆词作家金鼓先生。

（2）2004年被石柱土家族自治县确定为县歌。

（3）石柱土家族啰儿调入选国家级非物质文化遗产名录，《太阳出来喜洋洋》是其代表作之一。

（4）2007年，这首歌曲被联合国教科文组织评为“世界经典民歌”。

【设计意图】通过出示歌曲的简介，强调了作品的地位，引起学生强烈的学习兴趣和情感共鸣。

2. 复习歌曲。

复习歌曲旋律，注意顺波音和连音线的唱法。

（学生齐唱歌词，教师用自制的竹琴伴奏。）

再次强调顺波音和连音线的唱法，以及歌曲欢快高亢的情绪。

（强调歌唱的状态和位置，要求学生挥拍唱。）

【设计意图】上一节课已经学习了歌曲的演唱，这节课复习演唱，加深学生对歌曲的印象，增进对歌曲的理解，为后面的展示体验活动打下基础。竹琴是重庆本土乐器之一，选用它伴奏，既能让课堂更生动，也能引起学生对本土音乐文化的兴趣。

3.探讨歌曲的表现形式。

歌曲中使用了大量衬词，这是民歌的典型特点。衬词丰富了歌曲的结构，渲染了情绪，还提高了歌曲的表现力。

教师：课前要求大家围绕歌曲的衬词分组讨论歌曲的表现形式，这节课我们将请各小组汇报并展示。

（板书：歌曲的表现形式。）

4.小组汇报并展示。

小组长汇报本组的表现形式。

五个小组进行展示：

一小组“一领众和”：教师领唱，学生在衬词部分加进来一起唱。

二小组男女生对唱：女生唱歌词，男生唱衬词。

三小组就地取材：衬词“咣”处拍手掌，其余衬词部分按节奏拍音乐凳子。

四小组团结协作：衬词部分按节奏双手拍腿，“咣”处拍邻座同学腿。

五小组用土家族摆手舞伴舞。

请学生谈谈：你最喜欢哪一组的表现形式？为什么？

教师点评：同学们的表现形式都很独特、有创意，充分展示了大家的创新思维和创新能力。

（全班同学用土家族摆手舞为歌曲伴舞，三名学生用竹琴伴奏，教师弹唱第一段和第五段。）

【设计意图】这一环节是本堂课的教学重难点，让学生在不同的表现形式中感受歌曲的特点，提高创新能力。

（三）课堂小结

1.教师肯定学生的表现。

2.布置作业：

我们开州区也有很多优秀的民歌，请同学们课后注意去收集，下节课交流分享。

【执教体会】

学生在上节课基本学会了正确、有感情地演唱歌曲。歌曲中的顺波音、连音线是演唱的难点,学生的学唱效果很好。衬词的运用更是让歌词朗朗上口,丰富了歌曲的表现性。本节课是第二课时,重点在于根据歌曲衬词的特点进行编创,分组展示歌曲的不同表现形式。学生分别采用"一领众和""男女生对唱""就地取材""团结协作""土家族摆手舞伴舞"等表现形式,在展示活动中感受歌曲的风格特点,以及重庆人民勤劳勇敢、积极乐观、热爱生活的态度,培养创新思维,提高创新能力。

【指导点评】

《太阳出来喜洋洋》是一首经典民歌。本节课,教师带领学生唱家乡的歌,传承巴渝文化。学生在歌声中感受到家乡的温暖与美好,燃起传唱家乡民歌的热情。

本节课的亮点如下:教学设计构思巧妙,以歌曲为主线,鼓励学生围绕衬词的特点大胆编创。教学环节环环相扣,从演唱歌曲导入,强调顺波音的演唱,自然过渡到歌曲衬词的特点,分小组展示编创方案,最后全班集体展示。学生积极参与音乐表现和创意实践活动。竹琴和土家族摆手舞的融入,让课堂锦上添花。课堂评价恰到好处,真正做到了鼓励学生做课堂的主人。

豆花谣

执教者：白丽

学校：重庆市垫江第一中学校

上课年级：七年级

【教学设计】

一、课型

创作课。

二、作品分析

垫江被誉为“中国石磨豆花美食之乡”。人们吟唱着《豆花谣》，寄托对生活的美好愿景。本节课选自《豆花谣》引子部分的童谣，通过律动表现、节奏训练、歌词编创，层层递进，重唱《豆花谣》，从基础旋律到多声部拓展，深入领略垫江豆花文化的独特魅力，赋予《豆花谣》新的时代内涵。

三、学情分析

学生已具备一定的旋律、节奏感知能力和多声部合唱基础，且积累了诸如《豆花谣》等童谣资源。通过有针对性的指导，本节课将使学生更深入地产生共鸣，积极投身于本土音乐文化的传承与发展之中。尽管教学内容看似复杂且容量大，但凭借学生丰富的音乐知识和生活积累，本节课的教学任务能顺利地完成。

四、教学目标

1. 学唱童谣，感受地方传统音乐，增强传承意识。
2. 节奏练习，丰富地方传统音乐，提升学生热爱家乡的幸福感。
3. 歌词编创，弘扬地方传统音乐文化，激发学生的创作热情。

五、教学方法

情境教学法、合作学习法、创造性教学法。

六、教学重难点

教学重点:学唱《豆花谣》,感受音乐之美,培养对歌曲的审美能力,深入理解垫江豆花文化。

教学难点:鼓励学生结合家乡美食与家乡变化编创歌词,激发音乐创造力。

七、教学准备

豆花碗,筷子,牡丹元素围裙,教师推磨视频。

八、教学流程

(一)导入

(播放音频导入。)

画外音:老板,来碗豆花。

教师:要得,佐料各人打哈。

(教师系上牡丹元素围裙,进入教室。)

教师:欢迎同学们走进老师的豆花课堂。老师是唱着妈妈教的童谣、吃着家乡的石磨豆花长大的。

(播放《豆花谣》视频。)

(二)歌曲学唱:三声部表现歌曲

1.初听童谣并学唱。

(1)先用音频播放童谣,再用视频播放教师推磨的画面。

教师:同学们,视频中老师在做什么呢?

学生:推磨。

教师:同学们推过磨吗?

学生:没有。

教师:大家一起体验一下吧!

(师生一起表现推磨的动作。)

(2)推磨律动,学唱《豆花谣》。

教师:老师的爸爸妈妈会一边推磨,一边哼着《豆花谣》。同学们跟老师学唱吧!

(出示歌谱,学唱童谣。)

(视频展示豆花的制作过程。)

教师:白生生、嫩冬冬的豆花做好了,吃豆花咯!咦!同学们,还差点什么?

学生:佐料。

教师:对,佐料,咱们垫江人喜欢叫“调和儿”。

(播放豆花佐料视频。)

2.聆听《打佐料》片段,学唱歌曲二声部。

教师:咱们的“调和儿”,里面有——

学生:芝麻、豆豉、花生米、葱花、芫荽、折耳根、胡辣壳、油辣子、青海椒、糟海椒、胡椒、花椒、山胡椒……

教师:这些佐料是怎么表现的?

(播放音频《打佐料》片段,学唱二声部。)

教师:刚才我们学会了唱《豆花谣》和念《打佐料》,接下来我们把它们结合起来表现一下吧。

(展示二声部歌谱。)

3.结合碗筷敲击编创节奏,为童谣配上节奏。

教师:同学们,你们的表现太棒了。在你们编创节奏的时候,老师也迸发了灵感,也想表演一下。

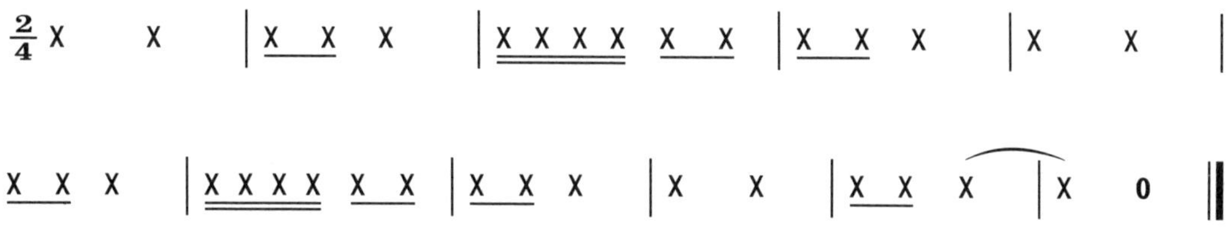

(教师指导学生练习节奏,并用碗筷敲击节奏。)

(为歌谣配上节奏三声部。)

(三)编创歌词,唱家乡美食,唱家乡美好新生活

1.唱家乡美食。

教师:同学们再想想,咱们垫江还有哪些美食呢?

学生:黄沙柚、血橙、龚鸭子、鸭脚板、巴人咂酒、黑花生、川久蒸鸭,还有赵牛肉!

教师：咱们一起唱唱家乡的美食吧。

（教唱《<豆花谣>新唱——唱唱家乡的变化》第一段。）

2.唱家乡新变化。

教师：同学们，咱们垫江有哪些地方变美了？

学生：天宝寨，高铁站，三合湖，牡丹源……

教师：咱们一起唱唱家乡的新变化。

（教唱《<豆花谣>新唱——唱唱家乡的变化》第二段。）

（四）小结

教师：曾经，我们吃着豆花，唱着《豆花谣》，见证了家乡的一路走来；现在，我们吃着豆花，唱着《豆花谣》，享受着家乡的幸福美好；今后，我们吃着豆花，唱着《豆花谣》，振兴咱们的新家乡！

【执教体会】

《豆花谣》承载着垫江的豆花文化与故乡情。本节课旨在通过童谣教学，让学生理解并传承豆花文化，培养他们的文化理解力。

本节课的教学有两条线索：一是学唱《豆花谣》，通过律动、节奏训练和主题编创层层递进；二是音乐能力提升，从基础旋律、节奏向多声部拓展，再结合生活实践进行编创。

针对初中生的学习特点，本节课采用互动式教学，以模拟推磨激发学生的兴趣，让课堂生动起来；利用情境教学法，结合歌词，让学生在律动中愉快学唱；通过提问引入“打佐料”片段，拓展至二声部学唱，并结合生活实践进行节奏训练；最后，引导学生联想家乡的美食与变化编创歌词，增强对地方音乐的热爱。整堂课在轻松愉悦中，让学生感受地方音乐的魅力。

【指导点评】

《豆花谣》体现了重庆市市级非遗项目——垫江石磨豆花的制作过程，寄托了人们对美好生活的向往。本节课教学目标明确，融合了艺术教育的多维度核心素养培养，有效提升了学生的情感表达和文化理解能力。

面对现代化冲击下豆花制作技艺的传承危机，白丽老师将《豆花谣》引入课堂，为其注入新的生命力。教学过程中，她巧妙地运用情境教学法，以模拟推磨激发学生的学习兴趣，逐步引导学生掌握多声部合唱技巧，鼓励学生编创歌词，从家乡美食到家乡新面貌，激发了学生对家乡的热爱。

白老师以其较高的音乐素养、创新的教学方法和亲和的教学态度，确保了课堂的高效。学生兴趣盎然，教学成效显著。

幺妹清早去砍菜

执教者：瞿姣姣

学校：重庆大学城第四中学校

上课年级：七年级

【教学设计】

一、课型

唱歌课。

二、作品分析

（一）作品背景

《幺妹清早去砍菜》是一首涪陵民歌，歌词清新质朴，衬词和方言的运用使得歌曲具有浓厚的生活气息和鲜明的地域特色，形象生动地描绘了农村的劳动场景。

（二）作品要素

歌曲为变换拍子、民族五声徵调式，旋律以小跳为主，节奏短促密集，音乐情绪活泼。歌词采用方言，衬词较多。音乐富有情境性，体现了依字行腔、唱诵结合的特点。

（三）作品解读

该作品具有浓厚的民族韵味和生活气息，可以给学生带来丰富的情绪体验。歌曲情境性强，演唱形式丰富，可充分利用师生互动，调动学生学习的积极性，感受音乐与社会生活的关系，从而激发学生对民族音乐的热爱之情，理解民族音乐文化的多元性。

三、学情分析

在性格特征上，七年级学生还保留着童真和好奇心，但进入青春期的他们多了一些腼腆，在音乐活动中不容易放开，教师要注意引导学生动起来。

在音乐知识基础上，通过小学阶段的学习，他们能够对乐曲的情绪、速度、力度等做出反应，但对音乐的体裁、结构等要素的掌握较差，尤其是对民歌接触较少。教师要在教学中融入人文内涵，让学生理解民歌蕴含的文化意义。

四、教学目标

1. 审美感知：通过活泼的音乐体验生动的艺术形象，感受民歌的艺术美，丰富审美体验。

2. 艺术表现、创意实践：通过为音乐设计动作，表现劳动过程，感受音乐塑造的生动形象，增强形象思维能力。

3. 文化理解：通过民歌与社会生活的关系，理解艺术来源于生活，培养学生热爱生活、热爱家乡的美好情怀。

五、教学重点

逐句学唱歌曲，体验生动的音乐形象，完整、流畅地演唱歌曲。

六、教学难点

在学唱歌曲的过程中，分析方言、衬词、滑音、唱诵结合四个知识点。通过这四个知识点，掌握民歌的特点。

七、教学准备

钢琴、响板、多媒体、蔬菜篮等。

八、教学流程

（一）情境导入

1. 播放音乐并提问：“歌曲中的人物是谁？来自哪里？”

2. 学生打着响板，用方言读歌词，感受歌曲的地域性。

（二）学唱歌曲

1.教师范唱，学生思考：歌曲中的幺妹是怎样一个形象？

2.通过歌曲中的“咦哟”来练声，提醒学生注意声腔位置。

3.逐句学唱，感受唱诵结合、衬词在歌曲中的作用。

4.完整演唱，确保音准、节奏的准确性。

（三）创意实践

播放男女重唱音频，体验不同的演唱形式，并对歌曲进行合作编创。

九、板书设计

幺妹清早去砍菜

方言　　　　　　　　重庆民歌

唱诵结合

滑音衬词

【执教体会】

《幺妹清早去砍菜》是一首涪陵民歌，描绘了农村日常的劳动场景。学生虽然通过各种渠道对此劳动场景有所了解，但并未亲身体验过。因此，本节课围绕歌曲情境的发展，带领同学们逐步体验劳动过程，感受人们对生活积极乐观的态度，探索生活与音乐的关系。本节课主要采用口传心授的教学方法，遵循“谱为死物，音为活法”的教学原则。这一作品的教学，不仅能让学生领会到民歌的特殊之处，还能对作品的音乐要素、文化内涵进行深挖。

【指导点评】

执教老师通过分析歌词和表达方式，引导学生体验民歌所表达的情感，培养学生的情感表达能力。教师在教学时，没有使用钢琴进行教唱，而主要以口传心授的方式进行教学，教学语言灵活，风趣幽默。教师还指出了民歌反映的社会现实和历史变迁，引导学生思考其中蕴含的社会价值观念和人文精神，培养学生的社会责任感和文化认同感。

民风民俗

——生活美

薅秧歌

执教者：曾维淑

学校：重庆市璧山区璧泉小学校

上课年级：四年级

【教学设计】

一、课型

器乐课。

二、作品分析

(一)作品背景

高峰薅秧歌现为重庆市市级非物质文化遗产之一，是垫江高峰镇田间地头广为流传的一种劳动歌谣，曲调优美，声音高亢，句式整齐，合辙押韵，语言朴实，诙谐幽默。薅秧歌没有成谱，主要靠民间一代一代人口授或耳濡目染传承。

(二)作品要素

薅秧歌一般是由两句、四句的七言歌词组成的民间小调。

(三)作品解读

薅秧歌没有固定主题，日常生活的方方面面都可以成为歌咏的对象。唱法多是一个人领唱，多人跟着接下句，类似接龙的游戏。薅秧歌传承的是巴渝古代的民歌表达方式。

三、学情分析

四年级学生有一定的音乐素养，对节奏等基础乐理知识有一定的了解。多数同学能完成简单的节奏击打。

四、教学目标

1.通过欣赏薅秧歌的演奏，感受浓郁的地方风味和热烈欢腾的情绪。

2.通过示范、引导、互动、表演等音乐实践活动，掌握大鼓的基本演奏技巧和演奏形式，体会演奏的乐趣，初步感受二声部的和谐之美。

3.丰富情感体验，感受传统音乐文化的魅力。

五、教学方法

示范、讲解、观察、模仿。

六、教学重点

1.在课堂上传承传统音乐文化，感受传统音乐文化的魅力。

2.掌握大鼓的基本演奏技巧和二声部合奏与轮奏。

七、教学难点

$\underline{X\ \underline{X\ X}}$ 的快速击打。

八、教学准备

大鼓、多媒体课件等。

九、教学流程

（师生用节奏对话的方式相互问好。）

【设计意图】让学生体验鼓乐课不一样的师生问候。

（一）导入新课

教师：老师用璧山鼓为大家演奏一段劳动歌谣《薅秧歌》，请欣赏。欣赏后请谈谈你们的感受。

教师：鼓乐虽然没有旋律和歌词，但是丰富的节奏变化赋予它独特的美。我使用的鼓是牛皮鼓，独有的制鼓方法赋予它独特的演奏方式。现在就让我们一起学习牛皮鼓的演奏吧。

【设计意图】通过欣赏老师的鼓乐演奏，学生初步感受非遗文化，感受鼓乐热烈欢快、催人奋进的情感内涵。

(二)新课教学

1. 节奏热身活动。

教师:合着音乐做热身活动。注意身体的拉伸,双手过头顶。

【设计意图】这部分节奏需要身体的拉伸,适合热身。

2. 大屏出示节奏谱。

璧山薅秧鼓歌

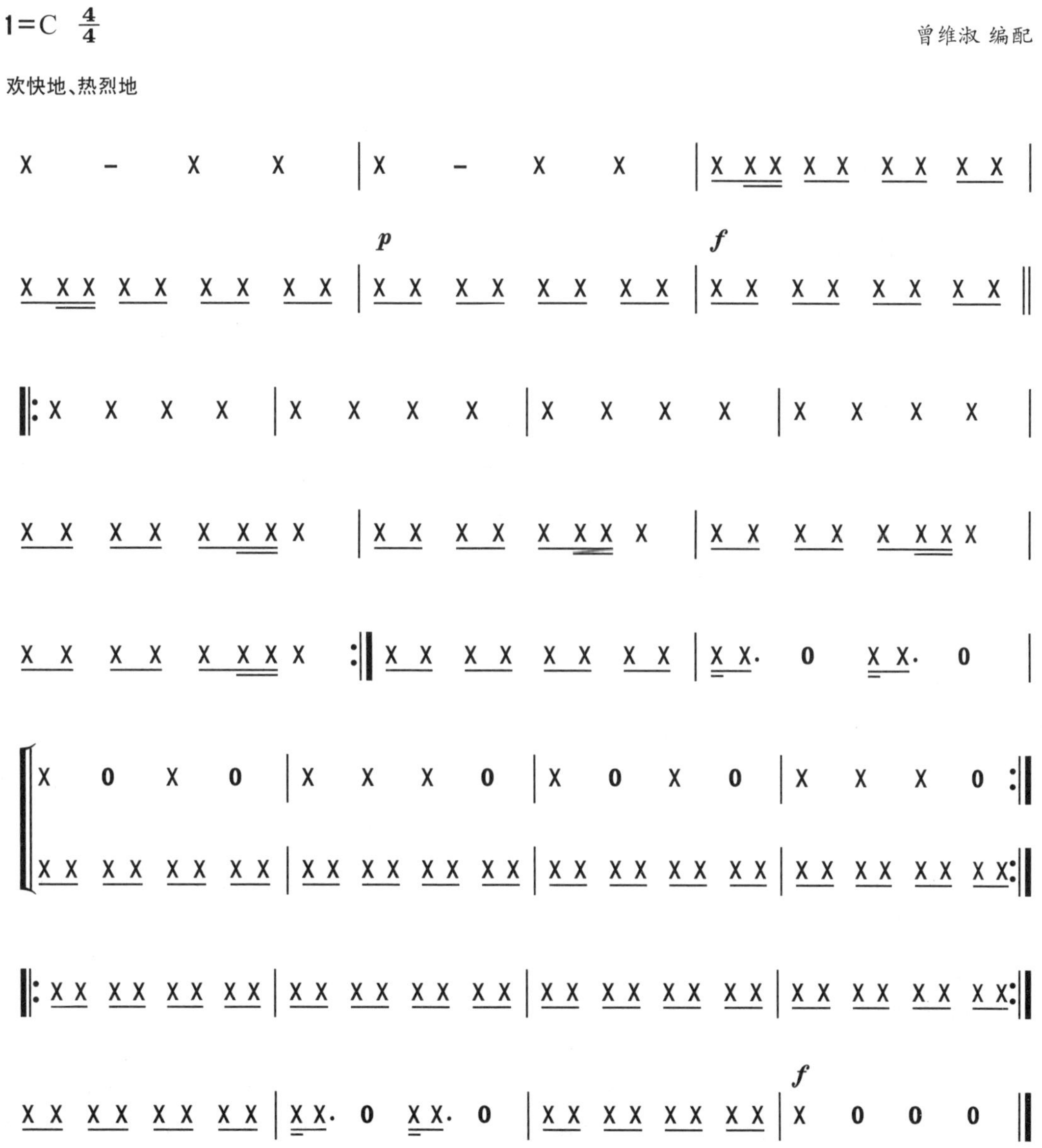

(1)回顾学习方法(观察找难点—划拍唱乐谱—分析练手法)。

(2)学习第一段。

(四人一组自学第一段乐谱,抽一组进行展示。)

教师:节奏、手法都对了,但一直这样打的话,音色单调,缺少观赏性,所以现在要对节奏进行加花处理。前面四个小节双击鼓边,加上肢体动作。后面四个小节慢打。这段节奏需要反复一遍,反复的时候,前面四个小节敲击鼓面,加上肢体动作。我们一起来试试。

(3)学习第三段。

教师:第三段是清一色的八分音符,同样需要对节奏进行加花处理。跟着老师一起打节奏。

(用轮奏的形式练习。)

(4)和音乐。

教师:我们在用鼓声传递欢快热烈的情绪时,一定要加上身体的律动。

(三)总结回顾

小结:希望同学们大力传承家乡非物质文化遗产,弘扬传统文化。

【执教体会】

第一次把鼓乐带入课堂,感觉挺难。一直以来,打鼓就是老师喊口令,学生机械地敲击。到底怎样上鼓乐课,才能让学生学有所获呢?

根据自己的习鼓经历,我想到了教学生打鼓的方法:观察乐谱,划拍唱谱。有了良好的唱谱习惯,学习打鼓就会事半功倍。

我对教学内容进行了优化处理。《薅秧歌》旋律流畅明快,我对它的节奏进行了提炼,并编配了节奏。《薅秧歌》的节奏较为简单,多为八分音符。如果全部用简单的八分音符,整个演奏过程就会显得单调乏味。在编配节奏时,我考虑了节奏的舒缓密集、强弱变化以及音色变化。

教学中采用了齐奏、二声部合奏和层层渐进的轮奏。不同的演奏形式让学生感受到鼓乐的魅力。

【指导点评】

曾老师这堂鼓乐课大气磅礴,令人为之一振。我完全没想到鼓乐还可以搬到课堂上来这样演绎。我们见到的鼓乐教学,就是老师喊着口令教,学生机械地敲打,只有简单的动作技术训练。本节课的亮点和不足如下:

亮点一:选材。本节课以《嬉秧歌》为依托,借助鼓韵传承非物质文化遗产,弘扬传统文化。

亮点二:教学方法。曾老师不是简单地教给学生节奏鼓点,而是教给学生学习打鼓的方法:观察找难点—划拍唱乐谱—分析练手法,这让学生终生受益。

亮点三:节奏编配。曾老师很用心,抓住了音乐中的典型节奏,在短短的一分四十多秒里,节奏密集、强弱分明,音色变化明显。气势恢宏的二声部合奏、层层渐进的轮奏,学生都能轻松驾驭。

不足之处:课堂上学生不够放松,显得拘谨,情绪体验还有所欠缺。

酒歌

执教者：杨燕

学校：垫江县天街小学校

上课年级：四年级

【教学设计】

一、课型

唱歌课。

二、作品分析

《酒歌》是流传于重庆黔江一带的土家族歌谣，充满浓郁的乡土气息。歌曲为民族五声调式，2/4拍，二段体结构，篇幅短小。全曲旋律欢快，第一段的附点节奏使旋律显得活泼而富有动感，第二段则是一个简单的二声部合唱。歌谣描绘了土家族人聚会豪饮的热闹场面。

三、学情分析

四年级学生对基本的音乐常识和良好的歌唱习惯有了一定的认知。学生比较熟悉平时音乐课的歌唱状态，但在运用正确的演唱姿势和呼吸方法方面还需进一步努力。在识读乐谱方面，他们已经具备一定的识读简谱的能力，能够即兴随音乐律动或舞蹈。

四、教学目标

1. 能用自然的声音有韵味地演唱《酒歌》。
2. 能够用准确的节奏，和谐、统一的声音演唱合唱部分。
3. 能够通过音乐活动感受到土家族音乐文化的魅力。

五、教学方法

情境教学法、听唱法、模唱法等。

六、教学重难点

教学重点：富有韵味地演唱《酒歌》。

教学难点：在演唱歌曲二声部时，做到声音的和谐统一。

七、教学准备

钢琴、课件、酒碗等。

八、教学流程

（一）情境导入

教师：同学们，欢迎来到音乐课堂。今天老师将带领你们一起感受我国非物质文化遗产的魅力。

（播放视频。）

教师：同学们，你们知道视频中是哪个少数民族的舞蹈吗？

学生：土家族。

教师：摆手舞是土家族最具特色的传统舞蹈，舞姿大方粗犷，动作形象生动，凝聚着土家族人民的智慧和精神，在非物质文化遗产中闪耀着夺目的光芒。

土家族人热情好客。他们在农事节庆、婚丧嫁娶、庆功祭奠等各种民俗活动中，除了跳摆手舞，还要唱祝酒歌。

（二）新课教学

1.完整聆听音乐。

教师：今天这节课，就让我们一起来了解土家族的祝酒歌文化。下面请同学们认真聆听歌曲并思考：这首歌曲的情绪是怎样的？（欢快的）速度怎样？（中速）

（播放音乐。）

2.分声部学习。

（1）分声部练习。

教师：我们先来听听，生活中人们会在酒桌上说些什么祝酒话？

（播放音频。）

教师：敬酒的人很热情，杯子举得很高，喝喝喝耶！回敬的人为了表示尊重，杯子端得很低，喝喝喝耶！酒歌就这样在酒桌上产生了。

（把学生分为两组。）

第一组：敬酒组，做端酒杯的动作，学唱高声部。

第二组：回敬组，学唱低声部。

（引导学生用自然的声音演唱二声部，避免喊唱。）

（2）二声部合唱。

引导学生注意音准。巩固练习二声部：①分声部唱谱；②加上歌词；③合唱喝酒的部分。

（三）学唱山歌

教师：喝了土家酒，就要唱起土家歌。让我们来感受土家族山歌之美吧！

1.学唱歌词齐唱部分。

2.教师范唱歌曲。

3.学生完整地演唱歌曲。

（四）综合表现

师生在齐唱部分加上摆手舞的动作，合唱部分端起酒杯一起唱。

（五）总结

同学们，今天我们唱了土家歌、跳了土家舞，感受到了土家族酒歌文化的魅力。重庆除了土家族的酒歌文化，还有川江号子、啰儿调、踩花山等丰富多彩的民族音乐。希望你们拥有一双慧眼，去发现并弘扬我们身边的民族音乐文化。

【执教体会】

导入新课环节，我通过播放土家族摆手舞视频和喝酒场景视频，激发了学生的学习兴趣。

合唱部分，我设计了敬酒、回敬的活动，帮助学生更好地理解它所承载的文化和社会意义。学生身临其境地分声部练习，在愉悦的氛围中唱好合唱部分。

最后，师生围成圆圈边唱边舞，让学生充分感受土家族人民载歌载舞的热闹场面，既是对歌曲的一种强化，又调动了课堂的氛围。

与常规的音乐课堂相比，微课时间较短。学生要在短时间内用准确的节奏、和谐统一的声音演唱合唱部分，有一定的难度，还需进一步研究。

【指导点评】

1.注重情境创设,聆听感知。

在新课导入阶段,教师通过一段载歌载舞的视频,自然地将学生引入土家族酒歌文化的情境中。

2.注重难点突破,体验实践。

新课教学前,教师通过对敬酒和回敬的教学,为后面二声部演唱做了充分的铺垫,大大降低了演唱的难度。

新课教学阶段,教师注重挖掘教材的旋律美、节奏美。师生载歌载舞,学生充分感受到了土家族酒歌文化的魅力。

3.善于营造良好的音乐氛围。

教师动情的范唱、准确的弹奏、生动的讲解,带领学生徜徉于音乐世界之中,也彰显了教师的音乐素养。整堂课气氛活跃,一气呵成。

涪陵御锣

执教者：刘艳芳

学校：重庆市涪陵城区实验小学校

上课年级：三年级

【教学设计】

一、课型

综合课。

二、作品分析

《涪陵御锣》是巴渝民间吹打音乐中的一种，多用于喜庆场合，共有五种乐器，分为两排：前排对称地排列有小鼓、小锣、小手锣；后排有洞箫、玉笛，分陈两边。其演奏程序为先鼓锣反复合打，后箫笛反复合奏，而以小鼓为其指挥。

三、学情分析

三年级学生认识锣、鼓等打击乐器，能进行简单的乐器合奏，为本课的乐器合奏训练奠定了基础；对民族音乐有一定的理解，但不深入，本课的学习能加深学生对民族音乐的理解。

四、教学目标

1. 了解涪陵御锣的起源和乐队组成，增强民族自豪感与文化自信。
2. 聆听《石榴花》部分主题旋律，能与老师合作表现。
3. 学习《双飘带》部分节奏，能用声势动作表现，并与同学进行乐器合奏。

五、教学重难点

学习涪陵御锣曲牌，并与同学合作表现。

六、教学准备

大锣、小锣、钹、鼓、竹笛等。

七、教学流程

(一)走进涪陵

教师:同学们,欢迎来到刘老师的音乐课堂。老师今天给你们带来了一首歌曲,请听一听,猜一猜歌曲描述的是哪个地方?

(教师演唱《古老的希望城》片段。)

(学生回答。)

【设计意图】吸引学生的注意力,让学生对课堂产生兴趣。

(二)认识涪陵御锣

教师:我们涪陵不仅有特色美食、著名景点,还有许多优秀的传统文化。今天刘老师就带你们走进非常有名的民间传统音乐——涪陵御锣。

(播放视频。)

1.起源与由来。

教师:御锣原本叫作苏锣,是巴渝民间吹打音乐中的一种。它包括乐器分类的哪两类?

学生:打击乐和吹奏乐。

教师:它是一种宫廷音乐。为什么叫作“涪陵御锣”呢?这就要讲到我们涪陵的一位历史名人——周煌。

周煌是清朝乾隆时期的人,为国家做出了很多贡献。他告老还乡的时候,皇帝赠送了一支宫廷苏锣乐队,一路吹吹打打回到涪陵,热闹非凡。因其来源于皇帝赐赠,又主要流传在涪陵一带,所以被称为涪陵御锣。

【设计意图】通过观看视频和老师介绍,学生初步感受这一传统民间表演艺术,简单了解其由来。

2.了解御锣乐队。

教师:我们一起来看看它的演奏队伍和乐器。

(出示图片。)

教师:从这两张图片中,你了解到什么信息?

(学生回答。)

教师:堂鼓在乐队中起着指挥作用。由于年代久远,许多乐器已经失传,演奏者会用其他乐器来代替,比如大锣、小锣、钹、鼓等。

教师:御锣的演奏曲牌曾多达40个种类,但很多失传了。今天就让我们一起来学习吹奏乐曲牌《石榴花》和打击乐曲牌《双飘带》。

(三)学习涪陵御锣曲牌

1.学唱吹奏乐曲牌《石榴花》。

教师:大家先听一听吹奏乐曲牌《石榴花》片段。听的过程中,请思考它和我们上学期学过的哪首曲子有相似之处。

学生:《金蛇狂舞》。

教师:它们都是用我国的传统民族乐器演奏的,旋律有很多相似之处,但又各具特色。这两首曲子在速度和情绪上有什么不同呢?

学生:《金蛇狂舞》速度要快些,情绪是热烈欢快的;《石榴花》速度要慢一些,情绪是优美舒缓的。

教师:你真会聆听,并且表达得很完整。

教师:这里的文字代表不同的乐器声响。"狂"代表大锣,"去"代表钹。你们想用怎样的动作分别表示大锣和钹呢?

(学生回答。)

教师:好,我们就用拍腿表示大锣,用拍手表示钹。请两位同学上台尝试乐器合奏。

(两名学生上台演奏。)

教师:你们合作真默契。请先留在这里,老师也想加入你们。我带来了笛子。我将吹奏主题旋律前三小节,你们在第四小节念谱并用动作表示(狂—去—去—狂)。

(师生合作表现。)

2.学习打击乐曲牌《双飘带》。

教师:这首打击乐曲牌《双飘带》,除了大锣和钹,还出现了什么乐器?

学生:小锣。

教师:你们想用怎样的动作表示小锣?

(学生回答。)

教师:你们真会动脑筋。我们先划拍读一读。注意反复记号内的乐句要反复一次哦。

(师生一起划拍读。)

教师:请你们分为三组(小锣、钹、大锣)来合作练习。

(先分组练一遍,再加上动作。)

教师:我想请三位同学登台合奏。

(三名学生合作表现。)

教师:请你们一起加入演奏,用声势动作表现。

(教师敲鼓,加速练习一次。)

【设计意图】通过学习《石榴花》和《双飘带》,学生了解涪陵御锣的演奏。

(四)小结

教师:涪陵御锣集打击乐和吹奏乐于一体,将宫廷音乐与民间音乐有机结合。它的流传寄托了人们对历史文化名人——周煌的崇敬和缅怀。

2009年,涪陵御锣被列入重庆市第二批市级非物质文化遗产名录。这份珍贵的民间艺术瑰宝需要被保护和传承,刘老师现在也加入了涪陵御锣的传承学习队伍当中。希望同学们也能努力学习,保护和传承我们本地区的优秀传统文化。

布置作业——了解涪陵龙潭八牌锣鼓。

教师:除了涪陵御锣之外,龙潭的八牌锣鼓也是我们涪陵的优秀传统文化。它距今已经有1000多年的历史。八牌锣鼓和涪陵御锣有何相似之处,又有何不同呢?由于时间关系,请同学们课后自己去了解和学习。下课!

【设计意图】通过布置作业——了解涪陵龙潭的八牌锣鼓,让学生带着任务去学习,传承涪陵本地的优秀传统文化。

八、板书设计

涪陵御锣

打击乐　　　　吹奏乐

包包锣　苏锣　　　　笙

苏钹　碗锣　　　　玉笛

小锣　堂鼓　　　　洞箫

曲牌

《石榴花》《双飘带》

【执教体会】

本堂课的教学对象是三年级学生,根据教材的知识点和学生知识结构,我合理设计了教学目标、重难点和教学内容,教学准备充分。课前,我查询了大量资料,充分挖掘涪陵御锣的历史文化素材，精心准备教具、乐器以及板书内容。

课堂上，在养成聆听习惯方面，不论是教师唱奏，还是播放音频视频、同学发言等，学生都能安静聆听。普通话、教学技能展示等方面，我都有扎实的基本功，做到了示范准确，并且有美的感受。

本堂课的竹笛演奏气息略显不足，需增强练习；对学生的教学评价语还要更加多样化。

【指导点评】

首先，在教学内容方面，教师深度挖掘教材，将涪陵御锣的教学重难点与学生实际结合，设计了科学的课堂结构。学生通过聆听、观看、学习，提高了音乐基本素养；通过合作参与表现，激发了对涪陵御锣的热爱，增强了文化自信。

其次，在教学理念上，教师以学生为主体，创造师生平等的课堂环境。学生在教师的教学魅力和音乐艺术魅力影响下，真正实现乐中学、学中乐。

最后，从整体效果来看，课堂充满音乐性和艺术性，板书美观大方、紧扣主题。但文化传承非一日之功，未来可细化教学目标和内容，循序渐进地浸润学生心灵，引导学生在传承道路上走得更实更远。

幺闺儿戏扇

执教者：夏钰琳

学校：重庆市铜梁区外国语实验小学

上课年级：五年级

【教学设计】

一、课型

戏曲舞蹈课。

二、作品分析

(一)作品背景

作品是以川剧中的旦角为原型创作的戏曲舞蹈。

(二)作品要素

1. 音乐选材：川剧锣鼓。

2. 动作设计、情景变化和音乐融合：舞蹈动作以兰花指(掌)和亮相定位为基础，根据锣鼓的节奏展开。

3. 舞美：川剧头饰、团扇。

(三)作品解读

以川剧中的闺门旦为核心，表现小女孩想要出门看戏，可是功课没写完，赶紧写完功课，终于出门去看戏的场景。

三、学情分析

五年级学生的川剧知识较少，需要进一步认识川剧、了解川剧，才能体会川剧旦角的动作特点。学生的舞蹈基本功比较扎实，对基础知识、手位、脚位的掌握比较好，但对戏曲舞蹈中手、眼的运用还比较欠缺。

四、教学目标

1.了解川剧的基本知识——行当和配乐；掌握川剧戏曲舞蹈的基本体态、基本动作。

2.能合上音乐，动作标准、眼神到位地演绎舞蹈。

3.感受川剧之美，提高艺术修养。

五、教学方法

分解教学法、完整教学法、以情带舞。

六、教学重难点

兰花指(掌)眼神的运用及情绪把控，与音乐的配合。

七、教学准备

多媒体、戏曲头饰、团扇等。

八、教学流程

(一)谈话导入

教师：同学们，你们爱跳舞吗？

学生：爱。

教师：了解舞蹈吗？

学生：了解。

教师：老师先跳一段，看看你们有多了解。

(学生鼓掌。)

教师：谢谢同学们的掌声。你们能看出是什么风格的舞蹈吗？

学生：有点像唱戏的。

教师：唱的什么戏呢？

学生：川剧。

教师：是的，看来大家是真的爱跳舞。刚才老师跳的就是以川剧中的旦角为原型创作的戏曲舞蹈。想学吗？

学生：想。

教师：那就跟随老师一起进入川剧的世界吧！

（二）新课教学

1.介绍川剧。

教师：川剧主要流行于我国云、贵、川、渝的汉族地区。川剧中的角色有小生、旦角、生角、花脸、丑角等。旦角又可细分为多种，主要有以下几种：花旦，勇敢热情、性格开朗的中青年妇女；青衣旦，端庄贤淑、道德高尚的妇女；闺门旦，天真烂漫、矜持淑雅的妙龄女子；武旦，会使枪弄棒、精通武艺的妇女。

教师：哪个角色和你们的性格比较接近呢？

学生：闺门旦。

教师：想演一演闺门旦吗？

学生：想。

教师：不着急，还要配乐呢。川剧配乐里有个很重要的元素：锣鼓。我们先来看一看。

（播放视频。）

教师：音乐有了。请同学们戴上头饰，饰演天真烂漫的闺门旦吧！

教师：真是有模有样。拿上团扇，你们就更美丽了！《幺闺儿戏扇》开始啦！

2.舞蹈分解动作教学。

这段舞蹈里有两个基本手型：一是兰花指，拇指扣住中指，其余三指展开；二是兰花掌，其手形是四指伸直，略微分开，指端上翘，中指下按，拇指向中指靠拢。

第一段动作分解如下。

前奏：右边的同学往右走，后点地，胸前按掌；左边的同学往左走，做同样的动作。

第一个8拍：伸长脖子，前4拍往上看，后4拍往下看。

第二个8拍：前4拍往右看，后4拍往左看。

第三个8拍：前6拍摇头，最后2拍收。颈部放松。

第四个8拍：上左脚，往右看。动作分为4组，每组2拍。

第五个8拍：右脚往右，左脚点地。双晃手停在斜下位，头留在后面。第5拍时，兰花指亮相。

第六个8拍:模仿握着毛笔写字的姿势,转一圈。

第七个8拍:上右脚,双开手亮相。盘腕转一圈,握扇。

第八个8拍:上右脚,往左看。移重心,手画下弧线往前推,交换两次。

第二段动作分解如下。

第一个8拍:吸腿跳起来,小碎步往前跑。

第二个8拍:双分手两次,顺风旗亮相。

第三个8拍:上右脚,双晃手从下往上亮相。

第四个8拍:吸腿跳起来,推开手。

第五个8拍:单山膀,脚下圆场走一圈。

第六个8拍:单脚勾腿小跳。手上顺风旗,穿扇亮相。

3.带入剧情,记住动作。

教师:我们把剧情带入舞蹈中,会跳得更生动。

第一段动作的相应剧情:

(1)外面看起来好热闹。

(2)好想出去看戏呀!

(3)可是作业没写完。

(4)那就赶紧做完吧!

(5)拿出作业。

(6)抓紧时间写完。

(7)写完啦!

(8)妈妈,我可以出门吗?

第二段动作的相应剧情:

(1)终于出门看戏啦!

(2)我也会做顺风旗。

(3)我也会做双晃手。

(4)前面挡住了,看不到了!

(5)急得我原地打转转。

(6)跳起来看看。

4.配上音乐完整表演。

(三)总结

教师:你们跳得真好。同学们,川剧美不美?

学生:美。

教师:希望你们把川剧之美传承下去并发扬光大!

九、板书设计

《幺闺儿戏扇》

川剧舞蹈

闺门旦　　　　兰花指(掌)

传承发扬

【执教体会】

传统戏曲舞蹈是学生接触较少的。改编和学习川剧舞蹈,能让学生感受到川剧的魅力,增强对川剧的热爱。舞蹈教学中,教师带领学生以情带舞、以舞尽情,在学生的听觉和视觉之间架起一座桥梁,让他们得到川剧舞蹈的艺术陶冶。本节课针对学生的特点,对川剧舞蹈动作进行编排,使学生感受到了川剧舞蹈的趣味。

【指导点评】

本节课设计完整。教师用肢体语言感染学生,把他们引入教学情境中。教学内容贯穿川剧元素,教师的讲解、互动都是以川剧为主线,潜移默化地让学生熟悉川剧。教授舞蹈动作时,反复练习重难点动作,如兰花指、亮相时的眼神定位,培养了学生对川剧音乐节奏的把控,增强了学生学习舞蹈的积极性。

教师把川剧《幺闺儿戏扇》的剧情改编为贴近学生生活实践的内容,让学生更容易接受,也更容易把情绪释放出来,从而更好地认识了川剧。

川江号子——见滩号子

执教者：赵珂

学校：重庆市潼南区琼江小学校

上课年级：六年级

【教学设计】

一、课型

综合课。

二、作品分析

创作背景：作品体现了旧时的水上劳动场景，是船工们面对险滩时，为了协调动作、鼓舞士气而创作的一种劳动号子。

整体风格：作品粗犷豪放，充满了力量感和节奏感。旋律简洁明快，节奏鲜明，具有很强的律动感，能够迅速调动起人们的情绪，使人感受到劳动的力量和生活的热情。

歌曲情绪：作品所表达的情绪是复杂而丰富的，既包含船工们面对险滩时的紧张与谨慎，又体现了他们战胜困难后的兴奋与自豪。

曲调分析：曲调以级进进行为主，旋律线条清晰，起伏有致。在结构上，它通过不断的重复来强化节奏。曲调中还融入了地方性音乐元素，使作品具有鲜明的地域特色。

三、学情分析

六年级学生有一定的演唱能力、欣赏能力、分析和表现音乐的能力，但是，还要注重音乐课基本规范，养成欣赏音乐和演唱的习惯，形成持续发展的态势。

四、教学目标

1. 能够掌握《见滩号子》的基本旋律和节奏，感受歌曲的情绪点。

2. 能够了解并实践“一领众和”的演唱形式，感受它在统一步伐、调节呼吸方面的作用。

3.能够感受到《见滩号子》所表现的劳动人民的豪情壮志和团结奋斗精神，激发对劳动人民的尊重。

五、教学方法

欣赏法、教唱法。

六、教学重难点

教学重点：准确演唱歌曲旋律。

教学难点：歌曲情绪的把控。

七、教学准备

钢琴、多媒体、绳子等。

八、教学流程

（一）导入

（教师先唱一段《平水号子》。）

教师：同学们，老师刚刚唱的是什么呀？

学生：《平水号子》。

教师：对，是上节课我们学习的《川江号子》的第一部分《平水号子》。上节课我们了解到，《船工号子》反映了船工们的工作和生活。在行船过程中，人们根据江河的水势、水性，明滩、暗礁对行船的危险性，以及摇橹扳桡的劳动节奏，编创出了具有不同节奏、不同音调、不同情绪的多种号子。

教师：今天我们学习歌曲的第二部分。我们听一段音乐，感受一下第二个劳动场景。在听的同时，思考这段音乐的速度、节奏、情绪是怎样的。

（教师播放音乐。）

教师：请同学来说一说，这首歌曲的速度是怎样的？

学生：中速。

教师：听得很准确。节奏是规整的还是自由的？

学生：规整的。

教师：情绪呢？

学生:激情。

教师:其他同学同意吗?

学生:同意。

教师:还伴随着怎样的心情呢?

学生:紧张。

教师:他们为什么有点儿紧张啊?

学生:发现前面有险滩了。

教师:前面有险滩了,所以要投入战斗了,这就是《见滩号子》。

(出示课题。)

(二)学唱歌曲

教师:同学们先看看歌词。你们觉得这样的歌词应该用怎样的情绪来读呢?

学生:豪放、有士气。

(教读歌词。)

教师:我们再听一遍歌曲。这段音乐的演唱形式是怎样的?

学生:一个人领唱,其他人跟着合唱。

教师:为什么要采用这种演唱形式呢?同学们想一想,船本身很重,如果拉船的人步伐不一致,是拉不动船的。所以,节奏要怎样?

学生:整齐。

教师:"一领众和"这种形式可以起到统一步伐、调节呼吸的作用。齐唱部分的歌词是什么?

学生:嗨左。

(教师领唱,学生唱"嗨左",同时加上动作。)

教师:同学们的号子声很有力量。根据川渝劳动人民的语言习惯,他们会用什么语言来演唱呢?

学生:四川方言。

教师:接下来,老师用方言演唱。你们听一听,是喜欢方言还是普通话演唱?

(教师用方言演唱。)

教师:你们更喜欢哪种?

学生:四川方言。

教师:为什么?

学生:感觉四川方言更贴近实际环境。

(中间一组同学领唱。两边的同学唱“嗨左”并做拉纤的动作。教师弹琴。)

教师:大家配合得真不错。

(三)总结

今天我们学习了《见滩号子》。它的速度是中速,节奏规整,演唱形式是一领众和,所呈现的场景是将要行至险滩。下节课,我们再一起去感受他们在险滩上的惊心动魄。

【执教体会】

本节课中,我带领学生领略了船工们面对险滩时的豪情壮志与团结一心的精神风貌。通过精心设计的教学环节和教学方法,我力求为学生呈现真实而生动的船工生活。

我通过演唱《平水号子》激发学生的兴趣,并引导他们回顾上节课所学内容;随后播放《见滩号子》,让学生感受音乐的速度、节奏和情绪,引导他们进入船工们面对险滩的紧张氛围。

在学唱环节,我通过教读歌词、跟琴唱、分析演唱形式等步骤,引导学生逐步理解歌曲的内涵和情感,并通过方言演唱,增强学生对歌曲情感的体验。

整个执教过程让我深刻体会到音乐教学的魅力,也激发了学生对民族音乐的兴趣。同时,我也从中得到很多启示,为今后的教学积累了宝贵的经验。

【指导点评】

教师在授课前对内容有深入研究,做了精心准备;在授课时紧密结合学情,教学环节紧凑,营造了和谐、互动、探究的良好学习氛围。

本节课充分体现了以学生为中心的教学理念。教师引导学生感受音乐的速度、节奏和情绪,主动参与到学习中来,培养了他们的音乐感知能力;同时,注重培养学生的合作精神,通过师生合作、生生合作的方式,让学生在互动中学习。

本节课设计了导入、学唱歌曲和总结三个环节,层层递进,逐步深入。教学方法多样,注重知识的传授及学生的体验,取得了良好的教学效果。

教师教态亲切自然,语言生动幽默,很好地吸引了学生的注意力。教学重点和难点把握准确,为学生提供了有效的指导。

三个和尚(选段)

执教者:李映杉

学校:重庆市梁平区西苑小学

上课年级:五年级

【教学设计】

一、课型

体验课。

二、作品分析

(一)作品背景

《三个和尚》是一出根据谚语改编的梁山灯戏剧目。这个谚语为学生所熟知,因此,他们虽然是第一次接触梁山灯戏,但能较有兴趣地进入学习。作品采用传统灯戏的道白,唱词通俗自然、生动活泼,极富生活气息和幽默感,具有突出的地方性和口语化特色。

(二)音调分析

所选段落为梁山灯戏小调与灯弦腔的结合,民族徵调式,旋律及过门均属顶板句式,演唱形式为齐唱、对唱与数板相结合。此段唱腔在保留传统梁山灯戏音乐特点的基础上,融入了当代音乐元素与写作技法,是一次成功的尝试。

(三)作品解读

这出灯戏描述了三个和尚从相互推诿、守着山泉没水喝,到齐心协力同思考、找到了新路子的"挑水吃—抬水吃—没水吃—引水吃"的过程。通过生动的表演,灯戏阐释了"人心齐,泰山移"的道理。小和尚、大和尚、二和尚分别用跳、拽、扭的动作,把人物个性与灯戏的动作特点结合起来,表演妙趣横生。

三、学情分析

五年级学生的音乐爱好取向表现出多样化的特征，但对地方戏曲的接触较少。他们的心理处于半成熟、半幼稚的矛盾状态，在学习过程中不敢大胆表现。教师要多鼓励，带动他们唱起来、动起来。

四、教学目标

1. 认识梁山灯戏，感受梁山灯戏的唱腔，能自信、有表情地演唱《三个和尚》选段，初步了解梁山灯戏唱腔与梁平话语调的密切关系。

2. 通过对比、模仿、体验等方式，了解梁山灯戏“扭、拽、跳”的动作特点，感受“嬉、笑、闹”的表演风格，在音乐实践活动中体会梁山灯戏的艺术魅力。

3. 初步建立对本土音乐文化的审美视角，树立传承意识。

五、教学方法

体验法、模仿法、口传心授法、合作法、综合法等。

六、教学重难点

教学重点：学生有表情地演唱《三个和尚》选段，并能唱出韵味。

教学难点：能够自信、自然地表现扭、拽、跳等动作。

七、教学准备

钢琴、多媒体、音响、木鱼等。

八、教学流程

（一）导入

教师：同学们请看，在静谧的山林中，坐落着一座寺庙。往日宁静的寺庙里，今天发生了一件事。是什么事呢？让我们边听边看。

(二)新课教学

1.体验唱腔学唱段。

(1)初听歌曲。

(播放视频。)

教师:歌曲讲述了什么故事?

(学生回答。)

教师:三个和尚的故事,想必大家都耳熟能详。我们今天听到的版本,和以前听到的风格一样吗?

(学生回答。)

教师:这是我们家乡享誉全国的地方小戏——梁山灯戏。它用通俗易懂的语言和诙谐幽默的表演,给我们讲了一个有趣的故事。

(2)复听歌曲。

教师:让我们来欣赏由梁山灯戏小传人表演的《三个和尚》。

(播放视频。)

教师:希望通过今天的学习,你们也能喜欢上家乡的梁山灯戏。

【设计意图】通过聆听、观看、对比等活动,激发学生学习梁山灯戏的兴趣。

(3)再听歌曲。

(播放音频,出示歌谱。)

教师:请同学们一边听一边思考,这个唱段的吐字发音和普通话有什么不同?

(学生回答。)

教师:这个唱段是用什么语言演唱的?

(学生回答。)

教师:是我们的梁平话。这也是梁山灯戏的一大特点,唱词地方口语化,音韵平仄也极富生活气息。哪些字最有梁平方言特色?

学生:吃(qi)、曲(qu)。

教师:我们学习梁山灯戏,就要回归到原汁原味的梁平话中来。请大家用手划着声调,用梁平话读一读第一句歌词。

(学生划声调,读歌词。)

(教师板书声调。)

教师:请你们划着旋律线听我唱,思考旋律的走向和字的声调有什么联系。

(教师范唱第一句,学生划旋律线。)

教师:你们发现了什么?

(学生回答。)

教师:这叫依字行腔,就是依着字的读音而形成声腔。梁山灯戏的大部分唱段都是建立在依字行腔的基础上。

【设计意图】通过聆听、对比等方法,让学生感受梁山灯戏的唱腔与梁平话的密切关系。

(4)播放前半段音频。

教师:现在让我们跟着音乐在心里默唱,体验一下依字行腔的唱法。

教师(边拍边念):"要知扯出啥结果,梁山灯戏唱一出。"我是在唱还是在说?

(学生回答。)

教师:这是说唱,也叫念白,是戏曲中特有的艺术表现手法。我们一起来念一下这句。

(学生念。)

教师:梁山灯戏的歌词虽然建立在梁平话的基础上,但它又有别于梁平话。它的节奏和音高都有变化。我们需要把这种韵味表现出来。同学们,眼睛圆起来,眉毛提起来,嘴角绷起来,声音亮起来,一起来试一试。

(老师敲节奏,同学们念白。)

教师:无论时代怎么发展,梁山灯戏都保持着一种传统的教学方式,那就是口传心授。

(教师教唱前半段。)

(5)跟着音乐完整演唱。

【设计意图】通过口传心授的传统教学模式,让学生感受梁山灯戏的唱腔特点。

2.体验动作学身段。

教师:梁山灯戏不仅在唱腔上有独特之处,表演上也有很明显的特点,请同学们仔细观察。

(教师示范。)

教师:我不仅在唱,还在干什么?

(学生回答。)

教师:不停地动。这可不是乱动,它很有讲究。我们一起来体验。

【设计意图】教师当演员,激发学生的学习兴趣,感受梁山灯戏嬉、笑、闹的表演特点。

(1)跳。

(教师示范第一句:小和尚最先发声。)

教师:我用了什么动作?

学生:跳。

教师:为什么用"跳"这个动作?因为它最能体现小和尚年纪小、活泼好动的特点。大家在位置上学一学。

(2)拽。

(教师示范:看到小和尚如此激动,大和尚也不甘示弱。)

教师:这个动作,你们能用一个字表示吗?这是梁山灯戏里非常有特色的动作,叫作拽。

(3)扭。

(教师示范:这时候二和尚也喊起来了。)

教师:这个动作,大家想一想,用哪个字来表现最合适?

学生:扭。

(板书:跳、拽、扭。)

教师:三个和尚谁也不让谁先跑。小和尚的心情是怎样的?请你们用表情把小和尚的心情表现出来。

【设计意图】通过模仿,感受梁山灯戏跳、拽、扭的动作特点和嬉、笑、闹的表演风格。

(4)扯不清。

教师:三个和尚你一言我一语地争吵,把问题扯清楚了没有?

(学生回答。)

教师:音乐告诉我们:扯不清。那他们的情绪怎么样呢?

(教师示范"扯不清该抬还是该挑"。)

教师:我们一起来拽一拽,体验这场热闹的争论。

(5)无奈。

教师:到最后这个问题也没有解决。哎!无奈呀。请用你的表情表现出来。

(三)综合表演,感受风格

1.分角色体验梁山灯戏的动作特点。

(观看视频。)

教师:请加上动作、表情,我们一起来体验梁山灯戏的跳、拽、扭。

教师:梁山灯戏中,角色夸张、热烈的动作,让观众感受到它风趣幽默的风格。你能用几个字来概括它的特点吗?

(学生回答。)

教师:我们了解了依字行腔的唱法,感受了跳、拽、扭的动作特点,体验了嬉、笑、闹的表演风格,再加上本地方言,就能比较完整地感知梁山灯戏独特的艺术风格。

(四)总结

教师:今天这节课,只是为同学们打开了一扇探究梁山灯戏的窗。它深厚的艺术魅力,还需要同学们去挖掘、继承和发扬。让我们再一次唱响我们的家乡戏——梁山灯戏。

今天的梁山灯戏体验课到这就结束了。同学们,再见!

九、板书设计

	梁山灯戏	
嬉	梁平方言	跳
笑		拽
闹	依字行腔	扭

【执教体会】

文化传承是音乐教育不可或缺的内容。为拓宽学生的审美视野,体验戏曲的艺术魅力,树立文化自信,弘扬本土音乐文化,我选择执教梁山灯戏体验课。同学们的兴趣很浓厚,但由于毫无戏曲基础,学习的难度是相当大的。短短一堂课内,要完成既定的教学目标,对老师和学生来说都是很大的挑战。经过几次课堂实践,我不断地进行调整,尽力做到课堂教学自然,师生和谐融洽。作为地方戏曲普及课,本堂课力图让学生从简单的模仿上升到对地方传统音乐的热爱。学习碎片化的音乐素材只能开阔眼界,音乐素养的提高才是最终目的。

【指导点评】

在戏剧进校园背景下,本堂课对构建具有合理性、科学性的戏曲教学模式,进行了有效的探索。

本堂课选材贴近学生的年龄特点,激发了学生强烈的学习兴趣。教学目标与教学内容设置合理,学唱、体验与表现等教学活动丰富多彩。课堂前半段让学生感受梁山灯戏的唱腔特点,后半段通过观看表演,采取对比、模仿、体验等方法,让学生了解梁山灯戏的动作特点与表演风格。教师重视学生的体验与参与,学习积极性调动好,课堂收效明显。

三次完整聆听,层层深入地引领学生关注不同的点,强化了学生的听觉记忆。再加上其他方式的聆听,凸显了“以听促教”的目的。

推磨

执教者：吴南熹

学校：西南大学附属小学

上课年级：四年级

【教学设计】

一、课型

综合表演课。

二、作品分析

(一)作品背景

童谣《推磨》具有浓厚的地方特色，凝聚着重庆人民的聪明才智，保留了重庆民间饮食文化的历史缩影，是适合小学中低段学生感知音乐和音乐律动的良好素材。这首童谣千百年来口口相传于重庆地区，在万盛、江津、合川、大足、北碚、巴南等地有不同版本，其中以万盛的版本流传最广。

(二)作品要素

这首童谣为2/4拍，共8个小节。前4小节为一个乐句，后4小节为一个乐句。乐句节奏相同，X X 与 X 相结合，其鲜明的节奏、拍子的强弱，与万盛方言的语感极为贴切。所用的词语具有地域性特征，例如“推磨磨”“胀鼓鼓”等叠字；注重押韵，读起来朗朗上口。内容表达了童真童趣，将儿童眼中的“推磨”这一劳动场景刻画得淋漓尽致，生动形象地反映了万盛人民安稳幸福的生活状态，体现出了他们积极乐观的生活态度。

(三)作品解读

1.诵读的力度应与推磨的情景相联系,体会诵读中的重音。

2.在学读时,要注重方言语调的准确性。万盛方言与重庆主城方言稍有不同,教师应进行示范,指出不同之处。

3.律动动作应与童谣内容相结合,辅助学生记忆,帮助学生表达。

4.在编创环节应允许学生有不同的演绎,尊重学生的个性。

三、学情分析

二年级学生的分析能力尚在发展阶段。随着普通话的普及,大多数学生已经不会说方言,或说得不标准。他们具备基本的聆听习惯,能随音乐进行动作模仿,了解四分音符(X)、八分音符(X X)、小节线等音乐知识,对音乐情绪有初步的感知能力。他们活泼好动,模仿力强,通过充分的学习与体验,可以较为准确地进行演绎。

四、教学目标

1.审美感知:通过童谣诵读、律动感受、乐器伴奏,体会《推磨》节奏鲜明、语言诙谐、押韵以及富有地域性等特点。

2.艺术表现:掌握《推磨》的韵律感,初步感知音乐节奏与语言节奏的关系,尝试进行综合性表演。

3.创意实践:能运用《推磨》中出现的音符与节奏为空白小节编创节奏,并尝试用双响筒演奏。

4.文化理解:通过诵读和表演《推磨》,感受劳动的乐趣,认识家乡的生活面貌,提升对家乡的认同感和归属感。

五、教学方法

情境教学法、情感体验法、问题导向法、合作探究法、评价赋能法。

六、教学重难点

教学重点:感受《推磨》中音乐节奏与语言节奏的关系。

教学难点:运用《推磨》中出现的音符与节奏完善空白小节,并尝试用双响筒演奏。

七、教学准备

1. 双响筒、KT板、PPT等。

2. 学生课前回顾音乐知识(四分音符、二八节奏、小节线及四二拍);搜集、了解推磨的相关知识。

八、教学流程

(一)律动诵读,趣味表演

教师:同学们,我们通过学习,了解到这是一首节奏鲜明、语言诙谐、韵脚和谐,具有浓厚地方特色的童谣。我们再来感受感受:推磨磨,磨豆腐,起。

(师生齐诵读,原地律动。)

教师:你们做得真好!让我们带上动作去"推磨"。推磨了哟!

(学生一边走圆圈队形,一边诵读。)

【设计意图】通过律动诵读创设情境,学生沉浸于表现之中,感受童谣的魅力和方言的韵味,潜移默化地进行母语审美意识训练。同时,训练学生感知节奏与节拍。

(二)丰富新学,乐器延展

1. 复习双响筒的知识。

教师提问1:刚才老师用了一种乐器给你们伴奏。谁来介绍这种乐器?

教师提问2:乐器两边音高各不相同(教师示范),敲击时要注意什么呢?(引导学生控制敲击力度。)

2. 教师示范敲击节奏,学生聆听思考,发现演奏规律。

教师提问1:听一听,我敲击的节奏跟《推磨》有什么联系?(与《推磨》的节奏一样。)

教师提问2:在节奏的敲击上有什么规律呢?(每小节的重拍敲击低音。)

3. 学习节奏,为童谣伴奏。

教师诵读童谣,学生边读边敲击。

【设计意图】听觉为先是音乐学习的重要原则。通过聆听引发学生思考,能够培养学生的听觉审美及表达能力。在集体学习中,带口型敲击是一种高效率的练习方式,既能稳定学生的速度,又能让学生聆听乐器的声音,为边读边奏打下基础。

(三)编创扩展,实践展示

1. 观看视频,导入编创环节。

教师提问:看一看,从视频中你发现了什么?

(观看乐器编创范例。)

2. 总结编创特点,合作编创并展示。

(1)分辨小节数量。

提问:推磨这么辛苦,得给他们加加油。听一听,双响筒单独演奏了几个小节?伸出小手划拍。

(聆听音频。)

(2)请学生编创空白小节。

$\frac{2}{4}$ | X X X | | X 0 ||

$\frac{2}{4}$ | X X X | | X 0 ||

教师:请同学们运用已经学过的音符与节奏,将空白小节补充完整,谁来试一试?

(出示KT板,请学生到黑板上填写节奏。)

(3)学生练习划拍读谱并展示。

教师:你们的创作真是独具特色。请各组自行练习创作的节奏,画一画,读一读。

(学生练习,老师指导。)

(4)学生练习双响筒敲击并展示。

(学生进行无声练习,老师指导。)

【设计意图】从作品中提取节奏素材,利用四分音符、八分音符进行再创作,在强化音乐本体认知的同时,学生的创作能力也得到了提升。

(四)综合表演,完整演绎

(1)观看视频,发现表演规律。

提问:请同学们再看看,一共推了几轮?中间休息了几次?

(观看表演视频。)

(2)诵读《推磨》,乐器伴奏。

教师:我们试着把这些节奏加入《推磨》中。第一轮边读边奏,在第一次休息时,请一小组加入你们的节奏;紧接着进行第二轮,在第二次休息时,请二小组加入你们的节奏;最后进行第三轮。

(3)完整演绎,表演《推磨》。

教师:让我们再次推动磨盘。请一、三排加入推磨队伍,边读边推磨;二排按照刚才的方式加入伴奏,为我们加油鼓劲。跟着老师一起去推磨吧!推磨了哟!

【设计意图】在诵、演、奏、动等多方位、立体式的演绎中,学生表达了自己的情感,体验并积累了音乐元素,充分感受童谣的真实美、形神美、情趣美和艺术美。

(五)延伸主题,展示结课

教师:今天我们一起走进重庆万盛,感受了当地童谣的节奏之美、韵律之美,体验了自创自演的乐趣,明白了美食来之不易、美好生活靠劳动创造的道理。让我们推着磨离开吧!

(师生律动诵读,离开教室。)

九、板书设计

美味美食 劳动创造

《推磨》

万盛童谣

节奏鲜明　　语言诙谐　　地域性　　押韵脚

【执教体会】

1.挖掘内在音乐元素,让学生感受童谣之美。

为了挖掘童谣中的音乐元素,培养学生的母语审美和地域文化意识,我请教了当地老师,确保方言读音准确,体现方言的韵律美,并适当地编配动作,让学生了解推磨,知道磨盘又大又重,推动需要用力,通过动作的用力与语言的重拍建立联系,帮助学生记忆与表现。

2.设计节奏编创环节，鼓励学生创作。

《推磨》节奏明快，适合小学低段的学生，能激发他们的音乐感。本节课允许学生自创节奏，尊重个性发展，但控制在4个小节内。学生亲身体验，未来可转化为音乐经验。

【指导点评】

在教学过程中，教师充分调动学生的学习热情，启发学生探索模仿，使学生的音乐能力得到了充分发挥。在设计上，教师关注学科综合，课堂构思巧妙，目标明确，教学层次清晰、逻辑严密、环环紧扣。教学体现了音乐课程标准对学生核心素养的要求，重点是综合表演了《推磨》这首作品。整堂课都注重给学生营造情境，充分运用多媒体视频、音频，学生全程参与，发挥了主观能动性。

南溪号子——九道拐

执教者:王丽霞
学校:重庆市涪陵第四中学校
上课年级:七年级

【教学设计】

一、课型

综合课。

二、作品分析

(一)作品背景

南溪号子的雏形是土家族人民在劳动中解乏鼓劲的劳动号子和山歌号子,与薅草锣鼓近似。在长期传唱过程中,南溪号子逐步发展成为自成一格的山歌类别。它既不同于川江号子、纤夫号子,也有别于广泛传唱于武陵山区的其他劳动号子和山歌号子。

(二)作品要素

1. 腔调唱法。
2. 小调体裁。

(三)作品解读

《九道拐》是男女青年婚姻自由的赞歌,彰显了劳动人民勤劳智慧、拼搏奋进和探索创新的宝贵精神。

三、学情分析

七年级的学生有一定的音乐理论知识和技能,但缺乏对音乐的评赏能力、编创能力。教师可以通过听、看、说、唱等多种形式,提高他们的音乐审美能力,增强主动编创的意识。

四、教学目标

1. 审美感知:通过对《九道拐》的听赏学习,提高音乐审美能力,陶冶高尚情操。

2. 艺术表现:感受民族音乐所特有的表现力和表现形式。

3. 创意实践:初步接触民族音乐常用的演唱方式。

4. 文化理解:了解我国各民族在不同的文化背景下形成的不同乐曲风格、演唱风格,理解文化多样性,增强文化自信。

五、教学方法

欣赏法、演示法、律动教学法等。

六、教学重难点

教学重点:通过聆听和试唱感受歌曲的情绪,了解歌曲所体现的民族文化特征。

教学难点:了解音乐表达的情感,感受作品的音乐情绪特色。

七、教学准备

多媒体课件、钢琴等。

八、教学流程

(一)导入

教师:同学们,相信大家都听过“一方水土养一方人”这句话。安徽有黄梅戏、小刀戏;江浙沪一带有越剧;山东有鲁剧。你们知道重庆市有什么传统音乐形式吗?

学生:川剧、灯戏、曲艺戏……

教师:回答得非常好。本节课,老师将带大家了解重庆黔江的一种传统音乐——南溪号子。

(二)新课教学

(整体感知:播放《三台声》视频,学生感受其声音特点和山歌号子的感染力。)

(学生齐读《九道拐》,初步体会其情感和内容。)

教师提问:通过朗读,大家都感受到了什么?

(学生回答。)

教师:说得很好。这首歌曲让我们感受到土家族人民在劳动中为自己鼓劲的热烈情绪。

(教师范唱,让学生感受歌词、衬词、调性的特点。)

(播放《九道拐》演唱视频。)

(教师边弹奏钢琴边唱,学生试着打节拍并轻声跟唱。)

(三)巩固拓展

学生掌握基本的唱腔后,进行多种形式的演唱——师领生和、一领众和等。

(教师点评。)

(四)课堂小结

回顾本节课的知识,使学生了解南溪号子和土家族人民在劳动时的交流方式。

(五)布置作业

两人一组,课后找一首山歌号子练习,下节课展示。

九、板书设计

南溪号子

重庆黔江民歌　　　　九道拐

【执教体会】

这次执教不仅让我对重庆的民间音乐有了更深刻的理解,也让我更加坚定了传承地方音乐文化的信念。

课前,我深入研究了《九道拐》的创作背景、音乐特点、演唱技巧及文化内涵。课上,聆听了《三台声》和《九道拐》后,学生被它们激昂高亢的旋律打动。我采用听唱、模仿、讲解等教学手段，训练学生的节奏感和韵律感，让他们在愉快的氛围中学习音乐。学生用方言诵读《九道拐》，欣赏教师的现场弹唱，并在模拟练习中逐渐掌握了演唱技巧。

【指导点评】

这节课教学目标具体。自主探究、合作练习的设计，实现了知识的综合运用。课堂活动形式多样，难度适中。教学重难点把握准确，教学内容主次分明。教学过程设计合理，衔接自然。学生不仅对重庆的民间音乐有了更深刻的理解，也强化了传承地方音乐文化的使命感。

不足之处在于，教学流程缺乏足够的师生互动和生生互动，课堂气氛调动不够，需要增强学生的主动性与自主意识。

金桥吹打

执教者：何华桥

学校：重庆市江北巴川量子学校

上课年级：七年级

【教学设计】

一、课型

综合课。

二、作品分析

金桥吹打是流行于重庆市万盛区金桥镇一带的民间音乐，有花灯、朝牌、宫堂等曲牌，曲目有一千余首，具有音域宽、音量大、音色明快、穿透力强等特点。它是“巴渝十大民间艺术”之一，2006年入选国家级非物质文化遗产。

三、学情分析

七年级学生已积累了一定程度的音乐欣赏经验，但对音乐的感知与领悟还需要提升。所以，立足学生的实际欣赏能力，发展学生的听觉思维、丰富学生的审美情趣是本课教学设计的指导思想。

四、教学目标

1. 了解金桥吹打的历史。
2. 了解金桥吹打的表演形式，并与教师合作表演。
3. 感受金桥吹打的魅力，激发对民间传统艺术的热爱。

五、教学方法

讲授法、聆听体验法、实践教学法。

六、教学重难点

教学重点：了解金桥吹打这种艺术形式，感受它的魅力并参与体验。

教学难点：了解金桥吹打的基本演奏形式，与教师合作表演。

七、教学准备

多媒体课件、唢呐、锣、鼓、镲等。

八、教学流程

（一）导入

教师：同学们，我们国家在几千年的历史中，创造了许许多多的艺术形式。今天何老师为大家播放一段视频，请同学们观看时思考，视频里的音乐属于中国民间音乐的什么乐种？

（播放视频。）

教师：同学们，视频里是什么乐种呢？

学生：吹打乐。

教师：回答正确。吹打乐是中国传统器乐乐种之一。我们重庆也有这样的乐种。

【设计意图】利用视频引导学生更直观地了解吹打乐，为引入金桥吹打做铺垫。

（二）新课教学

（出示课件。）

教师：这就是我们今天要学习的金桥吹打。接下来，我们通过视频来初步认识金桥吹打。同学们在看视频时，注意观察里面出现了哪些乐器。

（播放视频。）

教师：同学们，视频里面有哪些乐器呢？

学生：鼓、锣、镲、唢呐。

教师：大家观察得非常仔细。下面，请将目光转向我手中的乐器。

（出示乐器，介绍金桥吹打的吹管类乐器构成。）

教师:这是什么乐器啊?

学生:唢呐。

(出示课件。)

教师:在金桥吹打中,唢呐有多种类型。我手里有两种唢呐,每一种都吹奏一小段,请同学们辨别一下,它们分别对应哪个声部。

(教师用高音唢呐吹奏《百鸟朝凤》,用中音唢呐吹奏《黄土情》。)

教师:这两种唢呐分别对应什么声部呢?

学生:高音和中音。

教师:正确。何老师想邀请两位同学来尝试一下。哪两位同学来试一试?

(学生演奏。)

【设计意图】从类别、声部等方面引导学生认识乐器。

(出示金桥吹打乐谱片段。)

教师:刚才我们认识了吹奏乐器。接下来,何老师想邀请全班同学一起加入乐队。同学们请看屏幕。这一段金桥吹打乐谱,就是我们要排练的第一首曲目。我们先熟悉锣的节奏。

(三)节奏训练

(出示节奏。)

教师:我们可以看到,锣的节奏每个小节都是一样的。我们直接来尝试一下。

(教师示范。)

$\frac{4}{4}$ X XX 0X X0 | X XX 0X X0 | X XX 0X X0 | X XX 0X X0 |

X XX 0X X0 | X XX 0X X0 | X XX 0X X0 | X XX 0X X0 ‖

教师:哪位同学来尝试一下?

(学生敲击,教师纠正。)

教师:非常不错。这位同学就负责锣的演奏。我们接着看鼓的节奏。

(出示鼓谱。)

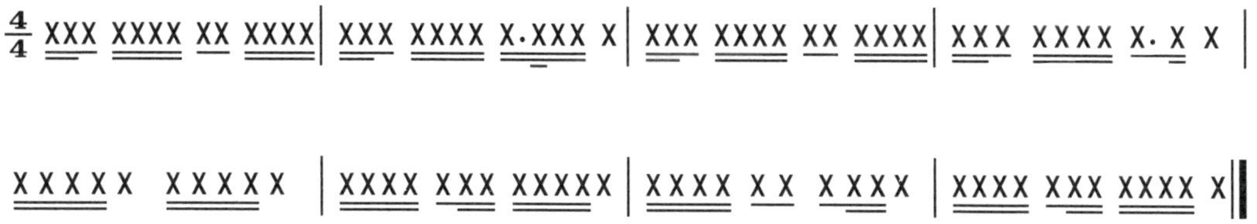

教师:同学们,看到鼓谱的一瞬间,你们有什么感觉?

学生:密密麻麻的。

教师:没错。鼓的节奏稍显复杂,所以我想邀请有打击乐基础的同学来尝试一下。哪位同学来试试?

(教师示范,学生完成。)

教师:锣、鼓的乐手都确定了。我们再来看镲的节奏。请看曲谱。

(出示镲谱。)

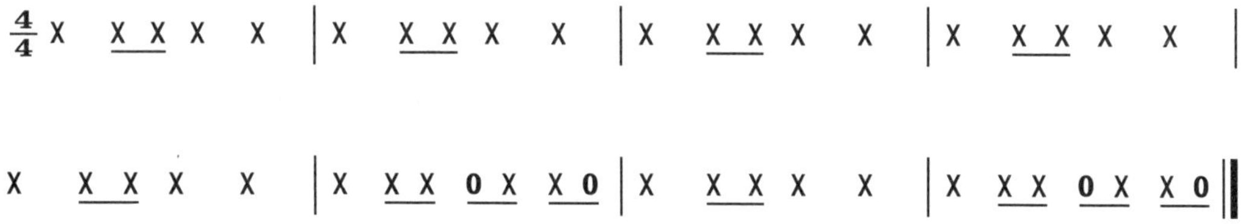

教师:镲的节奏大部分是一样的,但最后一个小节和倒数第三小节有变化,演奏的时候一定要注意。同学们请看座位下的小镲。它分为正反两面,演奏时,食指穿过绳索中间,大拇指和食指捏住镲的根部,敲击的时候轻轻往上拨。现在我们来试一下。

(师生共同敲击小镲。)

教师:为了让气势更足,我们需要一位力气大的同学来敲击大镲。哪位同学来试一下?

(教师指导学生敲击。)

教师:现在每个声部已经安排完毕。我们开始第一次排练。

【设计意图】加入乐器的演奏,提高了学生的参与度,激发了他们对金桥吹打的兴趣。

(四)体验吹打

教师:我们的初次排练效果非常不错。现在老师换为中音唢呐,我们再来排练一次。

(五)总结

教师:金桥吹打是国家级非物质文化遗产,是中国传统艺术的一部分。时代在进步,艺术也在变革。希望同学们热爱民族音乐文化,以创新的精神传承民族音乐文化!下课!

【执教体会】

本堂课利用问题导学的方式,让学生不仅认识了吹打乐的音色、形式、演奏方法等,还亲身参与吹打乐的演奏,深入地学习了金桥吹打这一传统音乐类别。课堂上融入了民间文化元素,进一步提升了学生对民间文化艺术的兴趣。

然而,教学过程中也有部分环节需要改进:一是氛围营造不够;二是语言还需更加精练,语气助词偏多,导致教学环节的衔接较烦琐;三是自主探究部分需要提高;四是可以引导学生自主编创节奏并现场进行尝试。

【指导点评】

何老师以幽默风趣的课堂氛围拉近了与学生的距离,站在学生的角度,多角度、多层次引导学生的发散性思维,让学生轻松地记忆音乐主题。教学中的设问很有指向性,激发了学生的思维潜能。但是整堂课学生自主参与、自主探究的程度还不够,特别是节奏型教学,可以引导学生自主编创。结尾也可以用其他地区的吹打乐来进行对比。

秀才过沟

执教者：刘玉惠
学校：重庆市渝北区实验中学校
上课年级：七年级

【教学设计】

一、课型

综合课。

二、作品分析

(一)作品背景

金钱板是流行于川渝地区的一种半说半唱、吟诵性极强的板诵类民间说唱艺术形式，一般使用地方口语，内容贴近大众生活，往往以简短的故事讲出深刻的哲理。

(二)作品要素

本课主要从板法、唱调、唱词三个方面引领学生感知金钱板。

(三)作品解读

板：金钱板分底板、面板、打板，分别代表天、地、人，故又叫三才板。

唱：依字行腔，口法、唱法、腔格依据汉字的声、韵、调，将字放在第一位，从而达到字正腔圆的效果。

词：唱词口语化，通俗易懂，具有浓厚的地方色彩；内容朴素粗犷，极为生活化、大众化。

三、学情分析

七年级学生对流行音乐的兴趣浓厚，对金钱板等传统音乐不太了解。因此，以说唱为切入点引导学生了解金钱板，可以让学生体验川渝本土文化。教师可在简单介绍金钱板的打法和唱调后，让学生结合自己的生活实践去编创歌词，感受金钱板的大众性和实用性。

四、教学目标

1.在体验和探究音乐的过程中培养感知力、表现力；在编创活动中培养创新能力。

2.探究依字行腔的特点，编创《秀才新篇》。

3.敢于在活动中创新，敢于在课堂上展现自我，养成传承非物质文化遗产的意识。

五、教学方法

情境法、讲授法、示范法、体验法、合作法等。

六、教学重难点

教学重点：感受、模仿金钱板的打板方法和唱腔。

教学难点：根据金钱板唱腔和打板的特点进行编创。

七、教学准备

多媒体课件、钢琴、金钱板等。

八、教学流程

（一）组织教学

教师用重庆方言问好：同学们好。

学生用重庆方言回答：老师好。

【设计意图】以重庆话导入，为感受金钱板的口语化做铺垫。

（二）激趣导入

教师：本堂课我们将一起探究川渝地区的特殊曲艺形式。请聆听音乐，同时思考：音乐讲述了什么故事？使用了什么乐器？

（播放《秀才过沟》。）

学生：讲述了秀才因不懂变通而无法过沟的故事。

教师：说得很不错。视频里的乐器叫作金钱板。金钱板本身是指一种伴奏乐器，后来发展成为传统曲艺的名称。我们一起来探究这项特殊的艺术形式吧。

（三）听赏发现

教师：请再听《秀才过沟》片段，同时注意金钱板的打板方法。

（学生模仿金钱板的打板方法。）

教师：金钱板的三块竹板分别为底板、面板和打板。现在老师示范基本打法。

（教师示范“的”“打”“垮”三种基本打法。）

教师：结合打法，我们一起来学习金钱板的板法。

“一字”：在每小节的第一拍打板。

“二流”：在每小节的强拍打板。

“三板”：每拍打板。

（学生练习以上三种打法。）

【设计意图】先引起学生体验的兴趣，再结合基本打板方法，让学生体验金钱板。

（四）新课探究

教师：秀才在书上找到过沟的方法了吗？请听。

（播放《秀才过沟》片段。）

学生：没有找到。

教师：请再次聆听，注意声调和旋律之间的关系。

（播放名家唱段。）

学生：唱词的声调和旋律很相似。

【设计意图】让学生边听边画出旋律线条，体验旋律和声调的关系。

教师：金钱板是以依字行腔结合本地口语形成的艺术形式。什么叫依字行腔呢？就是各种戏曲、曲艺唱腔的曲调与唱词的声调相吻合。

例：↘ ↘ ↘↗

细　细　读

（学生模仿，感受依字行腔的唱腔。）

教师：我们一起来试试，在朗读中寻找旋律。

（播放《秀才过沟》片段：翻了大学翻中庸，论语孟子细细读。）

（学生试着朗读。）

↗　↘↗　↘　↘↗　↘　↘　↘↗

翻了大学翻中庸，| 论　语　孟　子　细　细　读。

（念白）　　　　（唱腔）

教师：在表演过程中，你们发现金钱板还有什么特点？

学生：半说半唱。

【设计意图】学生朗读歌词，感受声调，体验依字行腔的特点。

（五）测评表现

教师：秀才最后用的什么方式过沟？请注意老师的脸、眼和身段。

（教师通过眼神、神态、动作等表现。）

教师：请同学们想象呆板的秀才，并将这段表演出来。

（抽学生表演。）

教师：这位同学将酸秀才的神态演得真是惟妙惟肖。老师带来了艺术家的表演，请大家观看视频。

【设计意图】从看老师表演到自己表演再到观看艺术家表演，学生对金钱板的体验层层递进。

（六）编创拓展

教师：作为新时代的中学生，请你们编创属于你们的金钱板，并分组表演。

今日夺魁心情好

老师夸我好头脑

沉稳专注　扬帆起航

少年热血　风华正茂

（学生分组表演。）

教师：台上的演员们用到了哪些表现方式？

学生：半说半唱，依字行腔。

（七）结课提升

教师：经过本课的学习，你们收获了什么？

学生：了解了金钱板是什么，它的基本打法和板法以及唱腔。

教师：故事给了我们怎样的启示？

学生：呆秀才不懂变通，生搬硬套。我们做事要实事求是，灵活变通。同时，也要对金钱板等非物质文化遗产进行传承和发扬。

教师：请你们在课后也要认真了解我们身边的艺术。下课！

九、板书设计

秀才过沟

打法："的"	板法："一字"
"打"	"二流"
"垮"	"三板"
唱法：半说半唱	
依字行腔	

【执教体会】

本节课以《秀才过沟》中讲述的故事为主线，用曲艺大师的表演激发学生的学习兴趣，引导学生通过聆听、发现、对比、探究、合作、展示等方式，了解金钱板的特点。

通过本课的学习，学生掌握了金钱板的唱调、板法、演法等特点，并进行了唱词编创，不仅学习了金钱板的基本表现方式，还创新了金钱板的运用。

【指导点评】

执教者花了大量的时间研究金钱板，探究其唱腔、打板以及表演等艺术特点。整堂课以探究《秀才过沟》为主线，以问题解决为手段，在感受传统曲艺魅力的同时，充分实现了学生自主探究学习。

执教者重视学科素养的培养，通过多种方式让学生充分聆听，激发音乐想象，感受金钱板的独特魅力。

执教者还重视学生核心素养的提升，注重创新意识和创造能力的培养。学生通过前三个环节的教学，掌握了金钱板"一字、二流、三板""半说半唱、依字行腔"等特点。课堂的后半程，执教者鼓励学生进行音乐创新并表演。

梆鼓声声

执教者：张菡

学校：重庆市实验中学校

上课年级：高一年级

【教学设计】

一、课型

综合课。

二、作品分析

（一）作品背景

本节课选用的重庆市巴南区接龙小观梆鼓舞，它是重庆市市级非物质文化遗产项目。它是表现劳动人民为防兽、防盗而击梆追逐的舞蹈。

（二）作品要素

1. 舞蹈中的道具梆鼓，最初是接龙吹打乐中的伴奏乐器。
2. 舞蹈动作简单易学，步伐轻盈、跳跃，舞姿伸展且不失灵活。

（三）作品解读

梆鼓舞动作以敲击梆鼓为主。舞蹈时，舞者的相互交流和队形的变化是出彩的地方。

三、学情分析

本校编写了梆鼓舞校本教材并从初中开始授课，但高一学生大部分没有接触过。所以在课堂设计上，既要区分初中和高中的授课内容，又要从最基本的内容讲起。高一年级的学生自主学习能力和探索欲较强，但是存在“动不起来”的状况，在教学时应注意激发他们的兴趣。

四、教学目标

1. 了解梆鼓不仅是舞蹈道具，也是节奏乐器，能准确表达节奏。
2. 通过学习典型动作，深刻领会小观梆鼓舞的动作特点。
3. 能够结合音乐独立完成一段梆鼓舞。
4. 小组合作对舞蹈动作进行改编。

五、教学方法

教授法、情境教学法、练习法。

六、教学重难点

教学重点：梆鼓的运用、步伐的跳跃感及舞姿的伸展感。

教学难点：敲击梆鼓时节奏的准确性，舞姿和步伐结合的协调性。

七、教学准备

多媒体、服装、梆鼓等。

八、教学流程

(一)认识梆鼓舞

教师：今天老师为大家带来一段具有特色的舞蹈。你们看完后告诉我这是什么舞蹈。

（教师表演，学生观看后回答。）

【设计意图】老师表演，让学生近距离了解梆鼓舞。

（出示梆鼓舞简介。）

教师：是的。这就是重庆巴南接龙地区的原生态舞蹈——小观梆鼓舞，是重庆市市级非物质文化遗产项目。我们学校也因为进行梆鼓舞的特色教育，被评为国家级传承基地。

（展示舞蹈道具。）

教师：我们来了解一下梆鼓。请同学们拿起梆鼓，观察一下它是什么材料做的。

（学生回答。）

教师：敲一敲，感受它的声音。大家猜一猜，梆鼓最初的作用是什么？

（学生回答。）

教师：它最初是人们用来防盗、防兽或打更用的，逐渐演变成了乐器。后来，人们将更多的肢体动作融入其中，形成了如今的小观梆鼓舞。

【设计意图】通过对梆鼓的介绍，让学生了解梆鼓舞的由来。

（二）感受梆鼓

1. 拿法。

教师：请同学们左手拿竹梆，右手拿棍。敲击时，用棍敲击竹梆的中部。

（学生尝试。）

2. 敲击。

教师：竹梆不仅是舞蹈道具，也是节奏乐器。

$\frac{2}{4}$ X X　X X | X X　X X X |

教师：上面就是它最基本的节奏型，现在请大家尝试将它表现出来。

（学生展示。）

教师：同学们的节奏表现力非常强！我们一起来体验一下，将竹梆与音乐相结合，会是怎样的听觉感受呢？

（播放音乐。）

3. 梆与鼓。

教师：我们刚才用梆将节奏表现了出来，那鼓在哪里呢？现在老师用鼓和你们配合，完整地将梆鼓展现出来。

（师生配合，加入音乐。）

【设计意图】用敲击竹梆的方式更准确地表现节奏，为下一环节做准备。

（三）梆鼓舞

教师：同学们，我们现在有梆、有鼓，还差什么呢？

学生：舞。

教师：是的。梆、鼓、舞这三个元素缺一不可。舞是它的表现形式，梆与鼓则是它的精髓。请大家回想一下，老师表演的梆鼓舞的动作特点是什么呢？

1.动作特点。

教师:现在请两位同学来告诉大家,手上动作和脚下动作各有什么特点呢?

(学生回答。)

教师:梆鼓舞的动作特点是:上肢伸展,手上以敲梆为主;下肢步伐轻盈、跳跃。整个舞蹈节奏欢快,动作易学。

2.动作教学。

教师:我们已经掌握了梆鼓舞的精髓,还需要将它表现出来。我们一起来用舞蹈的形式将梆鼓舞展示出来。

(学生展示。)

【设计意图】学习典型动作,完成教学目标。

(四)改编

教师:其实,梆鼓舞可以进行合理的变化。请同学们发挥想象力,通过变换方向或队形,或相互敲击梆鼓,使你们的梆鼓舞更加饱满,大家动起来吧!

(学生展示,教师点评。)

【设计意图】通过自主改编的形式,让学生深刻理解梆鼓舞的多变性,培养学生的思考习惯。

(五)总结

教师:同学们,今天我们学习了梆鼓舞的基本动作和典型节奏型,感受到了它独特的韵律。在校学习的学生,也应有传承传统文化的使命感,希望同学们带着使命感,将更多的传统文化传承下去。

【执教体会】

设计本节课之初,怎样让学生尽快了解梆鼓舞并能配合音乐独立展示,是我思考的重点。我直接从表演入手,让学生在表演中认识小观梆鼓舞。通过敲击梆鼓,我让学生明白梆鼓不仅是舞蹈道具,也是乐器。动作教学中,我没有去追求高难度动作,而是将典型动作教给学生。

整堂课中,学生积极地参与,很好地完成了教学目标。但由于时间关系,小观梆鼓舞的背景还讲得不够全面,动作也不够丰富。想让学生对小观梆鼓舞有更全面的了解,应再多花心思、反复研磨。

【指导点评】

张老师依托重庆市市级非遗，践行立德树人，让学生在感受梆鼓舞艺术的同时，提升了热爱家乡的情感和传承非遗的使命感，教学目标达成较好。我认为这节课有以下三个特点。

第一，关注审美感知，深挖音乐要素。教学中，教师引导学生主动探究梆鼓舞的典型节奏，从而更好地把握舞蹈的韵律，将音乐与舞蹈完美结合。第二，注重艺术体验，提升核心素养。教学中，教师将舞蹈动作的学习与生活相联系，并通过方向和队形的变化进行大胆编创，让学生形成了知识的迁移能力。第三，重视文化理解，践行立德树人。通过舞蹈动作和文化的学习，教师激发了学生对本土音乐的认同感、自豪感和传承非遗文化的责任感与使命感，坚定了文化自信，达到以美育人、立德树人的育人目标。

本堂课较为流畅，教学效果良好，但在学生的编创环节上应结合生活认知经验进行编创，提高创意实践能力和艺术表现水平。

龙溪河拖滩号子

执教者：梅小红

学校：重庆市长寿中学校

上课年级：高一年级

【教学设计】

一、课型

欣赏课。

二、作品分析

龙溪河拖滩号子，是流行于长寿湖地区龙溪河流域的一种拖船过滩时呼喊的号子。传统的《龙溪河拖滩号子》主要分为《平水号子》《急水号子》《进滩号子》《斗滩号子》和《拼命号子》。全曲通过速度、力度、节拍、调式等变化，形象地表现出船工们齐心协力、勇往直前的无畏精神。《龙溪河拖滩号子》有着节奏感强，以三部、四部为主，以及高亢粗犷、感染力强等特点，具有较高的艺术价值。

三、学情分析

高一年级学生的音乐欣赏能力参差不齐，且多数人对劳动号子不感兴趣。所以，此课结合学生的生活经验，用循序渐进的体验活动引导学生参与，然后慢慢展开，最后以体验、探究等方式点明主旨。

四、教学目标

1. 通过聆听赏析，感受船工齐心协力、勇往直前的无畏精神。
2. 在听、唱、动中熟悉主题，了解劳动强度与音乐要素的关系。
3. 了解长寿地区的本土音乐文化，激发热爱之情。

五、教学重难点

教学重点：了解“一领众和”的演唱形式。

教学难点：探究音乐要素与劳动的情绪、强度、风险等的关系。

六、教学准备

多媒体课件等。

七、教学流程

（一）导入

1.复习关于号子的知识：号子的概念、分类及特点。

（课件展示。）

2.欣赏《龙溪河拖滩号子》选段，学生思考并回答：音乐中描写了什么人？他们在干什么？引出课题。

【设计意图】复习旧知，建立与新知的联系，引出课题。

（二）教学过程

1.欣赏《进滩号子》。

（1）讲解《龙溪河拖滩号子》形成的背景和分类（课件展示）。

（2）引导学生模仿纤夫喊着号子拉船，从速度、力度、节奏、音调、演唱方式等要素来分析《龙溪河拖滩号子》的风格特征。

【设计意图】通过图片、视频和讲述，让学生了解纤夫在龙溪河两岸拖船的危险和艰辛。创设情境，发挥学生的主动性，让他们用歌声和肢体动作体验《龙溪河拖滩号子》的节奏。

2.赏析《斗滩号子》。

（1）欣赏《斗滩号子》，让学生讨论：这个号子的速度与情绪是怎样的？与上一个号子有什么不同？

（2）引导学生模仿纤夫们拉船过险滩时呼喊的号子，深刻体会纤夫们的生活艰辛和勇往直前的精神。

（3）引领学生体验并总结《龙溪河拖滩号子》高亢粗犷的声音与劳动场景的关系，以及三部、四部为主的演唱方式。

【设计意图】以感受和体验为主，通过对音乐要素的对比，积累欣赏经验。

3.欣赏《拼命号子》。

（1）引导学生探讨为什么叫“拼命号子”，学习纤夫们拖船上滩后的欢呼声。

（2）带领学生模仿纤夫们喊着号子拖船上滩的全过程。

（3）引导学生总结出《龙溪河拖滩号子》的演唱风格。

4.拓展部分。

（1）请学生上台扮演号子头，编创歌词并带领其他同学模仿纤夫们拉船上滩的场景。

（2）总结出《龙溪河拖滩号子》因不同需要而即兴编创的特点。

【设计意图】通过编创活动，让学生更好地理解《龙溪河拖滩号子》的节奏，以及歌词与动作、劳动场景的关系。

5.小结

教师：《龙溪河拖滩号子》以三部、四部为主，节奏感强，声音高亢粗犷，感染力强，自成一系，具有独特的艺术价值。

【执教体会】

本节课主线清晰，从课堂反馈来看，基本上完成了教学目标，学生参与度高。

本节课使用体态律动来引导学生体验音乐，从简单的八分音符节奏练习，慢慢过渡到以律动体验、感知音乐要素，积极创设多种音乐活动，让每位学生参与其中，获得最直接的音乐经验。每个教学步骤都合理安排了音乐片段欣赏，在有限的时间里实现听觉效益最大化，鼓励学生个性化地进行表达。

【指导点评】

执教者基本功扎实，很有亲和力。教学环节设计得环环相扣，主线清晰明确。教学目标合理，重难点得当。引入课题的方式合理，激发了学生的学习兴趣。学生运用所学知识进行编创，更牢固地掌握了劳动号子的音乐特点。学生参与度高，非常投入，课堂气氛热烈，教学效果明显。学生在快乐中学习，在快乐中创作。不足之处是，在介绍《龙溪河拖滩号子》时应更详细地介绍创作背景。

合川坐歌堂

执教者：郑宇

学校：重庆市合川中学

上课年级：高一年级

【教学设计】

一、课型

综合课。

二、作品分析

（一）作品背景

合川传统婚俗中，姑娘出嫁的头天晚上要在家里举行坐歌堂，在堂屋里将几张桌子连在一起，稍加布置，点上喜烛，伴娘搀扶“新姐”在正上方入座，然后姊妹们陆续唱出多种曲调。坐歌堂曲调采用乡间小调如“溜溜调”、流传俗曲如“对歌”等，也有用“哭嫁”“陪姊妹”“离娘调”等曲子的。坐歌堂传承孝义礼仪，加深亲情乡情，是一项值得世代传承的非物质文化遗产。

（二）作品要素

合川坐歌堂音乐为民族五声调式。第一乐段为4/4拍，歌词中衬词丰富，句尾押韵，结构工整对仗，内容前后呼应。旋律起伏较大，多为五度以上的大跳音程。第二乐段为3/4拍，歌词运用赋、比、兴手法抒发情感，节奏规整。第三乐段为2/4拍，说唱风格，歌词幽默，充满生活气息。

（三）作品解读

坐歌堂包含歌词、曲调、吟唱等要素。歌词朴实、直白，曲调婉转、舒缓，吟唱亲切悦耳，感染人心。

三、学情分析

高一年级学生能够听辨和分析基本的节奏，掌握了一些旋律、体裁、调式等方面的知识，具备一定的欣赏和分析音乐的能力。不过，他们更喜欢新颖活泼、通俗易懂的流行音乐，对传统音乐不是很感兴趣。

四、教学目标

1. 了解坐歌堂的基本形式和歌词、结构、曲调等方面的特点。
2. 在聆听、实践和分析的过程中感受坐歌堂的独特韵味和艺术价值。

五、教学方法

体验式听赏法、多媒体教学法。

六、教学重难点

教学重点：分析并总结坐歌堂的音乐特点。
教学难点：在学习过程中感受坐歌堂的独特韵味。

七、教学准备

多媒体、钢琴等。

八、教学流程

（一）导入

教师：同学们，今天老师将带你们了解合川的民俗音乐——坐歌堂。
（播放视频。）
【设计意图】通过视频，让学生直观地了解坐歌堂的形式和背景，激发学习兴趣。

（二）坐歌堂的曲式结构

教师：按照演唱的顺序，坐歌堂形成了包括起堂歌、正式歌堂唱、送歌堂的套曲。“起”为起始，“送”为结束，中间则是若干首以“离别之情”“女儿谢恩”“新姐礼仪”以及“骂媒婆”等为主题的小段落。

(三)坐歌堂歌词的特点

教师:我们一起听一听合川坐歌堂的片段,感受歌词有哪些特点。

学生:有很多衬词,如“勒”“哩”“吔”等。

教师:衬词起到了烘托氛围、平衡结构的作用。

教师:同学们,我把歌词提炼了一下。这样看,歌词还有什么特点?

堂屋点灯灯开花 邀邀约约到姐家 堂屋点灯满堂光	新姐明天要出嫁 桂花香　月儿黄 多谢姐妹坐歌堂

学生:押韵。

教师:回答得很好。歌词具有句尾押韵的特点。从结构上看,有什么特点呢?上句、下句对比一下。

(学生回答。)

教师:上句、下句对仗工整,内容上前后呼应。

【设计意图】通过有无衬词的对比,感受衬词在歌词中的作用。

(四)旋律特点

教师:请同学们跟随琴声识读乐谱,观察乐谱中出现了哪些音。

1=F $\frac{2}{4}$

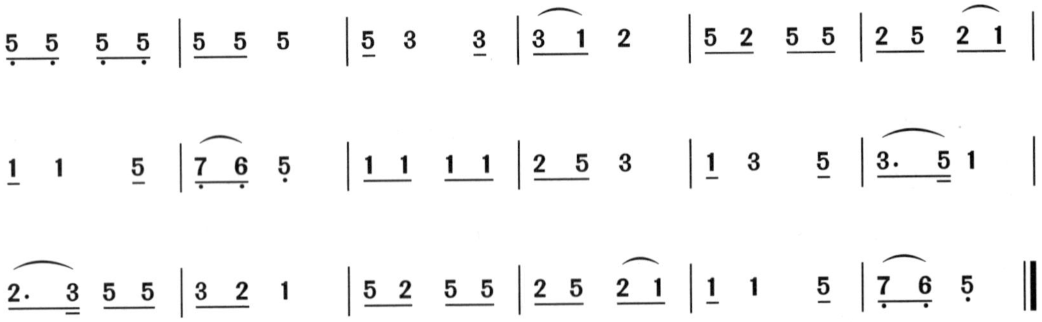

学生:出现了1,2,3,5,6,7。

教师:这段作品,7出现得很少。以1,2,3,5,6这五个音为核心,是民族五声调式。

教师:通过视唱,你们觉得歌曲的旋律起伏大还是小?

(学生回答。)

教师:乐谱中多次出现五度以上的大跳音程,旋律起伏较大。坐歌堂的歌唱状态是怎样的?跟我们平时唱流行歌曲一样吗?

学生:不一样。演唱方法带有民歌风格,用方言演唱。

教师:所以在演唱时,我们的声音要稍微往前靠,用明亮一些的音色来演唱。

(教师完整演唱。)

【设计意图】通过视唱和分析,发现民族五声调式和大跳音程,总结旋律的特点和演唱注意事项。

(五)风格特征

教师:同学们把欢快喜庆的氛围表现得很好。现在我们一起来欣赏另外一段音乐,听听它表达了什么。

学生:离别之情。

教师:这段音乐的情绪是悲伤不舍的,曲调更加细腻柔婉。经过分析和学唱,你们觉得坐歌堂属于哪一种体裁呢?

(六)说唱结合

教师:姐妹离别泪两行,都怪媒婆帮倒忙。合川本地坐歌堂中,“骂媒婆”也是很重要的一环。很多时候,“骂媒婆”会以一种有节奏的念白来完成。我们也来试试吧!

(师生在固定节奏下大声朗诵。)

教师:歌词诙谐幽默,充满了生活气息。这种说唱结合的形式也是坐歌堂的重要特点。

【设计意图】通过对比聆听,让学生感受坐歌堂在内容和风格上的多样性。通过说唱歌词片段,让学生体会坐歌堂说唱结合的韵味。

(七)总结

坐歌堂反映了合川人民的生活习惯、传统礼俗和伦理道德,也反映了人们的质朴善良、乐观向上。现在,这一传统民俗音乐面临着难以传承的局面,希望我们能够担当起责任,传承本土经典音乐文化。

九、板书

合川坐歌堂

特点:风格多样;视唱结合;衬词丰富;民族五声调式

歌词:句尾押韵　对仗呼应　体裁:小调

旋律:起伏较大

【执教体会】

音乐教师在课堂上将坐歌堂这一宝贵的民俗音乐讲给学生听,让他们对家乡的本土音乐更了解,是一件极有意义的事。我选了三个风格各有特色的段落,带领学生初步体验合川坐歌堂的音乐特点。但在感受风格韵味、情感体验方面还做得比较浅显,要对音乐了解更深刻,挖掘更透彻,并能更好地演绎。

在课堂中,我发现学生并没有觉得坐歌堂音乐晦涩难懂;相反,他们充满了兴趣。由于在教学过程中加入了方言,他们更有亲切感,也更有兴趣尝试。可见,本地传统音乐教学应注意激起学生的兴趣。

【指导点评】

郑宇老师所选的合川坐歌堂的三个音乐片段,极具地方音乐特色。郑老师课前做了充分的音乐资料收集工作,走街串巷,寻访遗失的音乐瑰宝,并加以整合、提炼,深挖本土音乐的内涵,把最美好的音乐呈现给学生。

在教学方法上,郑老师做了细腻的安排,设计了多种表现性音乐实践活动。在关注技能与表现的同时,郑老师还关注局部与整体的统一关系,层层递进,整堂课的层次非常分明,重难点突出,教学成效显著,学生兴趣浓厚,参与度高。

郑老师的演唱声情并茂,舒缓、细腻、柔婉的情绪对学生的触动是很明显的。郑老师在教学中,用一个小巧的手势,一个陶醉的表情,就能让学生马上领悟,既提高了教学效率,也调节了课堂气氛。这就是音乐的魅力,也是教师对音乐热爱之情的流露!

石工号子

执教者：马红磊

学校：重庆两江新区云创初级中学校

上课年级：七年级

【教学设计】

一、课型

综合课。

二、作品分析

(一)作品背景

作品选自“印象·武隆”中以重庆地区的劳动号子为素材而创作的《石工号子》，讲述了石工们在山间采石、运石的劳动场景。

(二)作品要素

作品采用劳动号子的典型演唱形式——一领众和。

(三)作品解读

作品为旋律加两个不同节奏的数板的三段体音乐。旋律简洁流畅，音区较高。数板节奏规整，节拍稳定。唱词极具劳动氛围和重庆地域特色，具有较强的典型性。

三、学情分析

七年级学生处于变声期的中后段，具备一定的音乐素养，但是对劳动号子缺乏深入的了解。学生在充分学习《石工号子》后，通过演唱、探究等方式，掌握一领众和的作用和意义，并学以致用,自主合作,结合生活中的相关情景编创劳动号子。

四、教学目标

1.学习《石工号子》,培养理解、认同并热爱民间音乐的情感。

2.欣赏、演唱《石工号子》,体验一领众和的演唱形式。

3.通过听辨、律动、演唱、编创等方式,理解劳动号子的风格和特点。

五、教学方法

演唱法、情境创设法、活动法、探究法、小组讨论法等。

六、教学重难点

教学重点:通过学唱,感受一领众和的演唱形式。

教学难点:通过编创,了解劳动号子节奏的规整性和稳定性。

七、教学准备

钢琴、多媒体、粉笔等。

八、教学流程

(一)情景编创

1.完整演唱。

教师:同学们,我们学习了这首《石工号子》,现在让我们完整地演唱。

2.探究节奏、节拍的特点。

教师:同学们,通过演唱,你们认为这首歌在节奏方面有什么特点?是复杂、自由的,还是简单、规整的?

学生:节奏简单、规整。

教师:那节拍有什么特点?是摇摆的,还是稳定的?

学生:节拍是稳定的。

3.探究一领众和的作用。

教师:一领众和的方式在劳动中起到什么作用?

(学生回答。)

教师：是的，正如同学们说的那样，一领众和的方式具有统一指挥、协调劳动的作用，还能够缓解疲劳。

4.学生自由编创。

教师：同学们思考一下，在日常生活中，还有哪些活动适合用一领众和的方式来统一指挥？

学生：拔河、赛龙舟……

教师：请大家以小组为单位，自由编创劳动号子。

（小组编创，教师指导。）

5.分组展示。

（学生分组展示编创的作品，师生共同评价。）

教师：同学们非常聪明，马上就能够学以致用。

【设计意图】通过自主编创，达到学以致用的效果。

（二）情感升华

1.拓展视频。

教师：随着时代的发展，机械逐渐代替了人工，我们很难听到石工们那铿锵有力的号子声了，取而代之的是机器的轰鸣声。但是，我们重庆的民间艺人们仍然保持着对传统音乐的喜爱，看！

（播放视频。）

2.情感升华。

教师：视频中是什么地方？

学生：解放碑。

教师：请大家思考一下，艺人们为什么要在解放碑唱响这首《石工号子》？

（学生回答。）

教师：艺人们是希望用这种方式唤起人们对传统音乐的关注。希望同学们在今后的学习和生活中，勇于创新，同时勿忘传统。让我们听着熟悉的旋律依次走出教室，结束今天的音乐课！

【设计意图】升华情感，萌发传承传统文化的种子。

【执教体会】

1.设计意图。

本堂课选用重庆本土音乐素材《石工号子》，通过聆听、演唱、感受、体验、律动、自主编创、合作探究等方式，引导学生深入了解劳动号子的音乐特点，理解民歌源于生活、用于生活的实用性。

2.解决问题。

在学习过程中，学生通过自主探究，逐步解决节奏、音准、情绪、情感等问题。我对小组合作、自主编创中遇到的问题进行合理引导，解决了自主编创与联系实际的问题。

3.德育效果。

通过本堂课，学生深刻感受到传统音乐对人类发展所做出的贡献，感悟到传统民歌的实用性和艺术性，产生了对传统音乐文化的向往和喜爱。

【指导点评】

授课教师对学生进行身临其境的情境导入，在学生掌握了劳动号子一领众和的基本演唱形式后，进一步引导他们深入探究一领众和的现实意义，充分契合七年级学生的认知特点和培养核心素养的需求。

授课教师引导学生根据所学知识，结合生活场景，编创出符合身边劳动情景的劳动号子，具有较强的实操性。

授课教师还结合视频，引导学生了解、关注重庆传统音乐文化，使学生对本土音乐文化有了比较深入的了解和感知，从而激发学生对家乡的热爱，对祖国的热爱，在德育方面有着比较深入的引领。

经典佳作

——家乡赞

黄杨扁担

执教者：刘依诺

学校：重庆市大渡口区育才小学

上课年级：四年级

【教学设计】

一、课型

唱歌课。

二、作品分析

《黄杨扁担》起源于秀山县溶溪镇，在秀山境内有9种唱法。从20世纪50年代起，先后有多位著名歌唱家演唱此曲。20世纪90年代，《黄杨扁担》被定为秀山县县歌。

《黄杨扁担》是一首杂调，2/4拍，六声羽调式，只有两个乐句，结构短小且较为规整，运用了较多的十六分音符，使歌曲显得欢快轻松。歌词内容与劳动人民的生活息息相关，运用了大量的衬词，起到连接和扩充的作用。

三、学情分析

四年级学生活泼好动，充满好奇，乐于表现，对新事物有很强的兴趣。他们喜欢唱、跳，普遍对音乐有极大兴趣。他们学习音乐的基本习惯已经养成，接受能力较强，有一定的知识储备和识谱能力。他们对民间音乐文化非常向往，有一定的了解，但没有形成辨别、欣赏的能力。

四、教学目标

1. 学会演唱《黄杨扁担》，体会歌曲的情绪和歌词的结构特点。
2. 能在歌舞交融中感受花灯音乐和舞蹈的风格。
3. 通过听、唱、舞、演等音乐实践活动，增进对秀山花灯的了解。

五、教学方法

听唱法、跟唱法、演唱法、体验法。

六、教学重难点

通过听、唱、舞、演等音乐实践活动，感受秀山花灯音乐和舞蹈的特点。

七、教学准备

课件、钢琴、花折扇、蒲扇等。

八、教学流程

(一)视频导入，出示课题

1.古诗词导入。

教师："蜀道有尽时，春风几处分。吹来黔地雨，卷入楚天云。"秀山位于重庆市东南部，这里民族文化蕴涵深厚，民歌蜚声海外。今天，就请你们和老师一起，走近国家级非物质文化遗产之一——秀山花灯。

2.播放视频，出示课题。

【设计意图】向学生简介秀山县，带领他们进入秀山花灯的学习。

(二)演唱《黄杨扁担》，领略秀山花灯的音乐美

1.教师范唱歌曲。

(出示课件。)

教师：歌曲的情绪是什么？歌词内容有什么特点？

【设计意图】教师生动范唱歌曲，并设置问题促使学生认真聆听，感受歌曲欢快轻松的情绪，分析歌词内容的特点，为学唱歌曲做准备。

2.出示歌谱，学生随琴学唱歌谱。

教师：数一数，歌曲有几个乐句？

①用lu哼唱。

②挥拍识谱，注意换气。

③边唱边数乐句。

【设计意图】在学唱的过程中再次熟悉歌曲的旋律，了解歌曲结构短小且较规整的特点。强化学习前八后十六、前十六后八的节奏。

3.学唱歌词，声情并茂地演唱歌曲。

①学唱第一段歌词，讲解“酉州”就是“酉阳”。

②学唱后几段歌词，引导学生唱得欢快清新，有画面感。

【设计意图】通过听辨、范唱、师生合作、生生合作等方式解决演唱难点，对学生的演唱状态进行引导。

4.加入低声部演唱。

教师：黄杨木硬度高，又柔韧，适合做成扁担挑载重物。你们觉得它会发出怎样的声音呢？

教师：让我们模仿扁担的声音，学唱低声部旋律。

①学生学唱低声部，教师用高声部演唱。提示声音要轻巧，有弹性。

②生生配合，女生唱高声部，男生唱低声部。

【设计意图】让学生充分发挥想象力，模仿黄杨扁担的声音创作低声部的伴奏旋律，感受《黄杨扁担》的多种演唱形式。

（三）学习秀山花灯的舞蹈动作

教师：秀山花灯除了音乐美，舞蹈也特别美。你能观察到秀山花灯舞蹈有哪些特点吗？

（播放视频。）

教师：秀山花灯舞蹈的表演形式以二人转为主，一般为一旦一丑，旦角又叫幺妹子，丑角又叫赖花子。此外还有双花灯，即二旦二丑；花灯群舞，即多男多女等形式。他们常用方桌拼成简易的舞台，叫作“搭花台”。跳花灯离不开花折扇和蒲扇。

【设计意图】感知秀山花灯舞蹈的特点，进一步提高学生学习秀山花灯的兴趣，加深对民间艺术的认同感。

（四）提升结课

教师：秀山花灯蕴含着劳动人民无穷的智慧，释放着这块土地的迷人魅力。通过今天的学习，希望同学们更加热爱民族音乐，争做民间艺术的传承人。

九、板书设计

秀山花灯

	花灯音乐类	花灯舞蹈类
花灯曲调	欢快轻松	二人转
《黄杨扁担》	歌词纯朴、多衬词	搭花台
	结构短小、较为规整	花折扇、蒲扇

【执教体会】

本节课，我结合《义务教育艺术课程标准（2022年版）》坚持以美育人、重视艺术体验、突出课程综合的理念，引导学生体验秀山花灯的音乐美和舞蹈美。通过听、唱、舞、演等音乐实践活动，学生能够自信地演唱歌曲《黄杨扁担》，掌握了秀山花灯曲调、结构、歌词等方面的特点，增进了对秀山花灯的喜爱。

【指导点评】

整堂课以“唱”为本，将“人文”贯穿始终，努力为学生享受音乐、表现音乐、编创音乐提供机会，让学生主动参与，自主体验，发挥了音乐学科“以美育人”的功能。

授课老师根据教材内容和学生的年龄特点，挖掘教材的旋律美、节奏美，激发学生的学习兴趣，使课堂教学流畅自如，各个教学环节环环相扣，保持了课堂教学的完整性。教学目标切实可行，达到了良好的教学效果。从听花灯、唱花灯、舞花灯进而演花灯，在一次次音乐实践活动中，学生充分感受到了民族音乐的魅力。

红梅赞

执教者：刘勤

学校：重庆市大足区香国小学

上课年级：四年级

【教学设计】

一、课型

欣赏课。

二、作品分析

(一)作品背景

《红梅赞》是一首以川剧高腔演唱，与四川方言、音乐结合，形式多样、曲牌丰富、结构严谨的地方戏曲音乐。

(二)作品要素

根据速度、力度、节奏及情绪的变化，学生能够感知音乐形象的变化。

(三)作品解读

《红梅赞》讲述了江姐率领游击队展开武装斗争，后来由于叛徒出卖，不幸被捕并壮烈牺牲的故事。

三、学情分析

四年级学生情感丰富。本课我着眼于学生的主动发展，通过音乐实践，提高他们的音乐素养及音乐探究能力。

四、教学目标

了解川剧，能够用川剧高腔演唱歌曲第一部分。

五、教学方法

探究法、音乐欣赏法、演示法、讲授法、问答法、表演法。

六、教学重难点

能用川剧高腔进行演唱。

七、教学准备

PPT、钢琴等。

八、教学流程

(一)欣赏

(播放音频。)

教师：同学们，今天欣赏的《红梅赞》，与之前学习的歌曲《红梅赞》有什么不同？

学生：我觉得这个版本有戏曲的韵味。

教师：你是一个会听、会思考的同学，听出了歌曲的特点。这是川剧版《红梅赞》，是以川剧高腔的形式演唱的。

学生：和之前学习的《红梅赞》旋律不同。

教师：歌曲的旋律有所改变，表达的情感变了吗？

学生：没有变。

教师：是的。这个版本仍然表达了江姐不惧牺牲的精神。

学生：有部分歌词使用四川方言来演唱。

教师：请跟着老师，带着高腔用四川方言读歌词。

(二)学唱

(播放音频。)

教师：小声跟着音乐哼唱，感受川剧的魅力。

(三)模唱

教师:请用i音模唱旋律,并思考歌曲有什么特点。

学生:我发现有一字多音的现象。

教师:请你把它找出来。

(学生上台圈出来。)

教师:还记得这种一字多音在戏曲中称为什么吗?

学生:甩腔。

教师:同学们学得很牢固。让我们一起再用i音模唱,注意甩腔的地方,唱出川剧的韵味。

教师:歌曲可以用什么动作来表现?

(请一个同学示范,其他同学跟着做。)

师生合作演唱川剧版《红梅赞》后结课。

【执教体会】

《红梅赞》是一首诞生于20世纪60年代的革命歌曲。川剧版《红梅赞》以川剧高腔演唱,有利于引导学生认识川剧的唱腔,激发情感共鸣。

执教川剧版《红梅赞》不仅是一次音乐教学实践,也是一次文化传承的过程。通过川剧版《红梅赞》的教学,我让学生学习了江姐不惧牺牲的精神品格,珍惜来之不易的美好生活。

【指导点评】

本节课的教学,不仅是音乐知识的传授,更是一次深刻的爱国主义教育。通过川剧版《红梅赞》的学习,学生对川剧的基础知识有了一定的了解。

授课教师鼓励学生参与歌曲的演唱,增强了他们的体验感和实践能力;分析川剧版《红梅赞》的词曲特点和音乐结构,有利于提升学生的音乐鉴赏能力。

火锅娃娃

执教者：王小玥

学校：重庆师范大学附属实验小学校

上课年级：四年级

【教学设计】

一、课型

唱游课。

二、作品分析

（一）作品背景

《火锅娃娃》反映了重庆小朋友的生活风貌，是重庆市唯一入选“中国少儿歌曲创作推广计划”推荐曲目的儿歌。

（二）作品要素

本曲为2/4拍，反映了重庆的火锅文化。

（三）作品解读

《火锅娃娃》是一首富有重庆本土文化特色的儿歌，为五声羽调式，加入了川剧元素，歌词朗朗上口，结构工整，旋律欢快。第一部分是对重庆城市的总体描绘，第二部分写出了重庆人对火锅的喜爱，第三部分写火锅代表团圆，第四部分运用川剧元素结尾。

三、学情分析

四年级学生已经较好地掌握了基本节奏和基本音准。本课有一些休止符和连音线，对他们来说可能较难。

四、教学目标

1.通过学习,了解川剧锣鼓经。

2.通过聆听和教唱,能够以正确的节拍唱出重庆儿童的热情。

3.能以小组合作的方式进行编创。

4.了解川剧知识,加深对本土音乐文化的喜爱之情。

五、教学方法

欣赏法、探究法、合作法、编创法。

六、教学重难点

了解川剧知识,以正确的节拍唱出重庆儿童的热情。

七、教学准备

多媒体、川剧戏服、火锅筷子、小鼓等。

八、教学流程

(一)初步感知

1.播放视频,介绍川剧。

教师:川剧是中国戏曲宝库中的一颗明珠,早在唐代就有"蜀戏冠天下"的说法。让我们来看看,川剧有哪些引人注目的技巧吧。

(播放视频。)

2.提问。

教师:川剧都有哪些绝活呀?

(学生回答。)

3.学习亮相动作,介绍川剧变脸。

(学生观察教师动作。)

教师:仔细看,老师所做的是哪一种绝活。

(教师演唱。)

(学生回答。)

教师：相传，古代四川人烟稀少，野兽横行。人们为了吓跑野兽，用各种色彩把脸部勾画出不同模样。后来，川剧艺人把这种做法搬上了舞台。变脸的手法主要有三种：抹脸、吹脸和扯脸。跟老师一起来模仿一下吧。虽然我们脸上没有丰富的油彩，但要做出表情。准备，抹脸。

4.学唱歌曲。

教师：请同学们一边做变脸的动作，一边跟随老师学唱。注意面部表情。

5.演唱歌曲，介绍火锅。

教师：重庆火锅起源于明末清初，是嘉陵江畔船工的一种粗放的餐饮方式，主要原料是牛毛肚、猪黄喉、鸭肠、鸭血等。2016年，重庆火锅当选为“重庆十大文化符号”之首。

（二）朗读儿歌，烘托气氛

1.敲击小鼓，介绍锣鼓经。

教师：我敲击的是什么乐器？

（学生回答。）

教师：它是川剧锣鼓中的指挥乐器——小鼓。川剧主要运用鼓、板、大锣、小锣、堂鼓等打击乐器，奏出各种不同的节奏，营造不同的舞台气氛。川剧锣鼓独特的记谱方式，叫作锣鼓经。

2.锣鼓伴奏，朗读儿歌。

教师：下面请一位同学上来尝试敲击小鼓。

（学生感受小鼓，完整朗读儿歌。）

（三）了解锣鼓经，学习敲击

教师：观察老师除了敲击小鼓，还做了什么？

（教师示范，学生观察。）

教师：老师在敲击小鼓的同时，嘴里还念着“打”“把”。你们知道“打”和“把”分别代表什么吗？

（学生回答。）

教师：“打”是右签打击小鼓的声音，“把”是左签敲击筷子的声音。

请大家盘腿坐到凳子后，拿起你们的筷子，尝试将“打把打打把打”的节奏加入乐曲中，看谁敲得准、念得好。

（学生用筷子敲击节奏。）

教师：让老师看看你们的音准怎样。请随钢琴视唱旋律，在四分休止符处敲击。

（学生视唱旋律并敲击。）

（四）学习歌词

教师：聆听歌曲。歌词让你联想到了重庆的什么？

（学生回答。）

教师：这样好听的旋律，会填入什么样的歌词呢？让我们仔细聆听！

（学生回答。）

教师：重庆不仅有两江交汇的朝天门码头，还有重庆人的“精神堡垒”解放碑。下面，让我们带着生活在这座热情似火的城市的自豪感，一起演唱。

（五）总结

火锅的“热”，是“亲热”；火锅的“圆”，是“团圆”。火锅不拒荤腥、不嫌寒素，用料不分南北，象征“兼济天下”！

九、板书设计

火锅娃娃

川剧　　火锅

欢快　　热情

【执教体会】

在设计本节课的过程中，我深感音乐教师应自觉承担起传承本土音乐文化的责任。音乐教师要发挥想象力和创造力，设计出更多新颖的教学方法，更好地激发学生的学习兴趣。音乐课不同于其他学科，它需要解放学生的身体，让学生唱起来、奏起来、动起来。在准备过程中，我反复修改教案、试讲，从中发现问题，改正问题，使这节课更加丰富、有趣。

【指导点评】

本节课大胆地融入川剧元素，根据四年级学生的年龄特点，让他们模仿川剧动作，调动学习积极性。授课教师利用音乐的弥漫性原则，在一次次的聆听、学习、实践过程中，由易到难地讲授第一部分的演唱。

通过这首儿歌，授课教师让学生感受到了重庆的方言和传统戏曲的特点，以及重庆人民的热情。

红

执教者：王虹
学校：重庆高新技术产业开发区第一实验小学校
上课年级：四年级

【教学设计】

一、课型

综合课。

二、作品分析

歌曲《红》是影片《建国大业》的片尾曲，由柳依、舒楠作词，舒楠作曲。歌曲的曲式结构为单二部曲式，A段、B段均为四句体方整性乐段。歌曲旋律平稳，歌词朴素，感情真挚，适合用平稳的气息、纯净的声音抒情而细腻地演唱。

三、学情分析

四年级学生随着认知、情感、社会性等方面的发展，音乐素养有了很大的提高，有较好的识谱能力和歌唱习惯，音乐学习兴趣较浓厚。

四、教学目标

1. 通过感知、体验、演唱等活动，感受音乐的情绪。
2. 通过律动和传递游戏，感受歌曲的节拍和三拍子的韵律感。
3. 能自信、自然地用优美、明亮的声音演唱歌曲，在情感共鸣中升华热爱祖国的情感。

五、教学方法

听唱法、律动体验法、情境创设法。

六、教学重难点

教学重点:用平稳的气息、纯净的声音抒情而细腻地演唱歌曲。

教学难点:能在音乐活动中感受乐曲的节拍、乐句、韵律感。

七、教学准备

钢琴、多媒体、音树、按钟等。

八、教学流程

(一)导入

教师:同学们,生活中的颜色五彩缤纷。如果要用一种颜色代表祖国,那是什么颜色?

学生:红色。

教师:红色不仅是一种颜色,也代表着一种精神。今天,我们一起去音乐中传递红色精神。我们先来做传递小红花的游戏。请大家仔细看、认真听,想想老师是利用哪个音乐要素传递小红花的。

学生:节拍。

教师:同学们的音乐感知能力很强。请"小红花们"起立,大家观察有什么规律。

(学生回答。)

教师:三人一组,所以歌曲是几拍子?

(学生回答。)

教师:三拍子的强弱规律是强-弱-弱,老师是在哪一拍传递的小红花?

(学生回答。)

教师:接下来,老师请两位同学在强拍传递小红花。谁来试一试?

(学生进行尝试。)

教师:同学们,我们一起来感受音乐的节拍。全体起立,站成内外两圈,随音乐的节拍走一走。当音乐情绪发生变化时,做出不同的律动。

教师:歌曲的情绪是怎样的?

(学生回答。)

教师:这首优美、深情的歌曲,就是我们今天要学习的《红》。

(二)歌曲学唱

教师:同学们,让我们唱响《红》。你们唱有色块的部分,老师唱其余部分。举起右手,挥拍准备!

(学生进行尝试。)

教师:同学们的识谱能力很强。色块部分的节奏有什么特点?

(学生回答。)

教师:我们来唱唱不同的地方,你们唱1、2小节,老师唱3、4小节。

(学生进行尝试。)

教师:加上歌词试试吧!

(学生进行尝试。)

教师:同学们的音乐表现能力真强。你们的歌声,让我感受到了宁静与温暖。让我们轻声吟唱第一部分。

(学生进行尝试。)

教师:同学们,老师刚才唱的第几部分?

(学生回答。)

教师:第二部分带给你怎样的感受?

(学生回答。)

教师:情绪变得激动,节奏也变得比较密集。第二部分加了两个休止符,从弱拍开始演唱。你们想用怎样的声音和力度来演唱呢?

(学生回答。)

教师:要带着饱满的情绪去唱。让我们用纯净的声音,抒情而又细腻地演唱。

(学生进行尝试。)

教师:你们知道吗?歌曲《红》是《建国大业》的片尾曲。歌曲表达了对自由、和平的期待。如今,我们已身处和平年代。生长在重庆这片红色土地上的我们,更要去发扬红色精神。思考一下,除了齐唱,我们还可以用怎样的方式来表现歌曲呢?

(学生回答。)

教师:请三名同学领唱第一部分,其余同学齐唱第二部分。

(学生进行尝试。)

教师:同学们的表现力太棒了。无论是领唱还是齐唱,大家的声音让我感受到"红"的力量和精神!

(三)总结

教师:同学们,让我们铭记红岩精神,把《红》唱响! 让红岩精神永放光芒。!

【执教体会】

歌曲《红》优美抒情、旋律平稳,歌词朴素,感情真挚。通过歌声来传承红色精神,是本堂课的教学目的。

歌曲为三拍子,平稳、流动的韵律感增强了歌曲的意境。因此,本堂课我以感受、体验和表现节拍为学习内容,通过传递小红花、律动等活动学习歌曲。同学们认真聆听、感受,参与度很高。

不足之处在于,学唱和表现歌曲的环节都略显仓促,特别是在第二乐段的演唱中,同学们的声音不够饱满,情绪的带入感还不够强,还需要加强声乐表演、乐谱识读等能力的培养。

【指导点评】

王老师执教的这节课,课堂朴实、宁静,紧扣主题。优点主要有以下方面:

第一,教师语言美、示范美、课件美,在整堂课中,老师的语言干净利落,示范专业,带给学生美的感受;第二,本堂课的设计新颖、音乐性强,以传递小红花的方式开展音乐活动,既有仪式感,又有知识的渗透;第三,润物细无声式的德育恰到好处,整堂课中,我看到了同学们坚定、自信的眼神,以及对祖国的深深的爱。本堂课充分发挥了艺术课程在培养学生审美和人文素养方面的重要作用。

歌曲《红》优美抒情,适合用平稳的气息、纯净的声音演唱。如果老师在歌曲处理、声音处理上再多花点时间,效果会更好。

走街街

执教者：吴莉

学校：重庆两江新区星湖学校

上课年级：三年级

【教学设计】

一、课型

综合课。

二、作品分析

（一）作品背景

《走街街》是张美容作曲、集体作词的一首儿童歌曲，以重庆磁器口古镇的街景为描绘对象，体现了浓郁的重庆风情，为学生提供了富有重庆特色的音乐文化体验。

（二）作品要素

歌曲节拍为四二拍，速度为中速，节奏较规整。第一乐段力度为*mp*，第二乐段力度为*mf*，第三乐段力度为*f*，情绪为热情、欢快的。

（三）作品解读

歌曲《走街街》是一首带再现的三段体结构的歌曲。歌词地域色彩浓厚，同时具有儿童语言的特征，描写了山城儿童逛街时的各种生动场景，既体现了儿童的活泼可爱，又表现了他们对家乡的热爱之情。

第一乐段（A）由前奏开始到说唱结束。前奏为五声徵调式，共三个乐句。大量的前八后十六分音符，体现出活泼欢快的特点。念白部分是一个带补充句的长乐句，沿用前奏的节奏因素。

第二乐段(A′)是第一乐段的变化重复，吸收了前奏第一、二乐句的后缀音调，并稍加变化，带有商调式的旋律风格。本乐段最后一句的念白描绘出活泼可爱的儿童形象，旋律明显带有向宫调式转化的趋向。

第三乐段(B)突然提高音调，出现了全曲最高音——小字二组的C。此乐段包含四个乐句，具有起承转合的发展特点。与第一、二乐段相比，调式调性发生了比较大的改变，行进到宫调式。

三、学情分析

三年级学生的认知领域得到了进一步发展，具备体验、感受和探索的能力，已经掌握了一些基本的音乐知识，具备一定的音乐感受能力和音乐自学能力。本节课坚持以美育人、以美化人、以美润心、以美培元的理念，设计了打竹板、数板、律动等情境体验活动，让学生感受打板、数板的乐趣，激发了他们的表演欲望，帮助学生学习和领会重庆地方音乐的特色，增强他们的文化自信。

四、教学目标

1.背唱歌曲《走街街》童谣部分，感受小伙伴之间的友好与合作。

2.学习竹板演奏技巧，初步感受戏曲念白。

3.通过各种体验活动，激发对重庆地方音乐的热爱之情。

五、教学方法

练习法、欣赏法、体验法、讲授法等。

六、教学重难点

教学重点：背唱《走街街》童谣部分。

教学难点：以稳定的速度、较准确的节奏，用数板的方式学会童谣部分。

七、教学准备

竹板、PPT、多媒体。

八、教学流程

(一)导入新课

教师:同学们,重庆方言中,“逛街”是怎么说的呀?

(学生用重庆方言回答。)

【设计意图】通过重庆方言导入新课,激发学生的兴趣,为后续教学环节做铺垫。

(二)讲授新课

1.教师打板读童谣,引导学生观察竹板。

教师:老师给大家读一首关于走街街的童谣,请同学们仔细观察我用了什么乐器。

(学生欣赏后回答。)

【设计意图】教师用边打竹板边读童谣的方式,让学生初步认识竹板,由此激发学生的学习兴趣。

2.教师介绍竹板的使用方法。

教师:请同学们拿出竹板,将右手大拇指与食指穿进指套,两块板面要对准。

(学生尝试打竹板。)

教师:要把竹板打好,老师有三个小妙招:松、准、快。

【设计意图】通过教师示范,学生初步学习松、准、快的技巧。

3.教师再次打板读童谣,引导学生听童谣内容。

教师:老师再读一读。请同学们仔细听老师读了什么内容。

(学生回答。)

【设计意图】培养学生的记忆力。

4.教师讲授数板的概念,引导学生用轮唱的方式数板。

教师:敲着板念童谣的方式叫作数板,它是戏曲念白中的一种板式。接下来,我们用轮唱的方式来学习数板。

【设计意图】通过轮唱的方式数板,丰富了作品的表现形式,使学生在多声部的合作中体验音乐的快乐与成就感。

5.教师播放磁器口视频,引导学生在情境中数板。

教师:我们刚才读的童谣,是由沙坪坝实验一小的老师们集体创作的。我们来看看,他们走的是哪条街?

(学生看视频后回答。)

教师:街上都有什么呀?

(学生回答。)

教师:我们再用轮唱的方式,合着音乐数板。

【设计意图】让学生再次用轮唱的方式合着音乐数板,强化学生的节奏感,激发学生继续学习旋律的兴趣。

6.小结。

教师:巴音渝韵风格独特,丰富多彩。希望同学们多多传唱,将重庆本土音乐发扬光大。今天我们学习了歌曲的童谣部分,下节课我们一起来学习旋律部分。

九、板书设计

走街街

竹板:松、准、快

数板:语言、强弱、节奏

【执教体会】

本节课,我采用了以下教学策略:将戏曲中的数板技巧融入重庆儿歌教学中,帮助学生掌握节奏等音乐要素,增强对地方音乐的热爱,促进文化传承;设计多种情境活动,确保每位学生都能参与其中,让学生在游戏中学习,提高他们的音乐理解力和学习兴趣。

鉴于学生对重庆地方音乐文化认知不足,我组织了音乐分享活动,以增强学生对地方音乐文化的理解和传播。未来,我将继续探索有效的教学模式,推动地方音乐文化在校园中的传承和发展。

【指导点评】

授课教师通过视频、图文展示和示范等形式,创建了富有教学价值的情境,如数板和律动,使学生在听、说、奏、读的过程中深入感知重庆地方音乐文化。

授课教师设计了深度互动的音乐实践活动,通过听、读、模仿和体验,引导学生积极参与,加深了对音乐要素的理解。

授课教师不仅教唱歌曲,还引导学生探索其中的音乐元素和地域文化内涵,通过丰富的体验方式,帮助学生由易到难地学习和理解作品,有效完成了教学目标,并取得了良好的教学效果。

安陶谣

执教者：张静

学校：重庆市荣昌区清升镇中心小学

上课年级：四年级

一、课型

综合课。

二、作品分析

歌曲改编自《儿时安富场》，以一首在重庆荣昌传唱了千百年的童谣为基础，唱出了陶瓷小镇安富的独特魅力，把浓浓的乡情表达得淋漓尽致。

三、学情分析

四年级学生的生活范围和认知领域进一步发展，体验、感受与创造能力增强，喜欢音乐活动，对新事物有很强的兴趣。在歌唱教学中，他们能够做到声情并茂，但分析歌曲和表现的能力还略显不足。

四、教学目标

1. 通过学唱童谣，了解家乡的传统文化，培养对家乡的热爱之情。
2. 通过聆听、感受，学会用饱满的情绪，富有弹性、深情地演唱歌曲。

五、教学重难点

能够用自豪、深情的情感演唱歌曲。

六、教学准备

钢琴、安陶、课件。

七、教学流程

(一)导入

教师:同学们,猜猜老师手里拿的是什么?

学生:我知道,这是荣昌四宝之一——安陶!

教师:对!这是我们荣昌安富生产的陶艺品——安陶。它有着800多年的历史,是巴渝文化中的一颗灿烂明珠。今天让我们一起走进美丽的安陶小镇,相信你一定会“陶”醉其中。

【设计意图】出示精美陶器实物,以创设情境激发同学们对这堂课的兴趣

(二)新课教学

(播放视频。)

1.情境导入。

教师:安富鸦屿山上有优质的红、白陶土,质细色正,很适合制造陶器。安陶有薄如纸、亮如镜、声如磬等特点,所储藏的物品可以长期保质,特别实用。在安富场,还有一首流传千百年的《安陶谣》,生动地描绘了荣昌制陶业的兴盛。

【设计意图】以安陶小镇的景物引出《安陶谣》,吸引学生的注意。

2.学习歌曲第一部分念白。

(学生读童谣。)

教师:随处可见的陶元素融入小镇里的一景一物中,多么浓厚的陶文化呀!老师再朗读一次,注意对比和你们的朗读有什么不同。

(学生回答。)

教师:是的,我朗读的时候带上了节奏。我们敲击安陶作为伴奏,再读一次。

(学生带上节奏朗读。)

【设计意图】通过反复练习,让学生熟悉歌词,体会童谣的节奏美、韵律美。

3.学习歌曲第二部分。

(教师范唱,并分析情感。)

(学生用“Lu”哼唱歌曲的旋律。)

教师:同学们请看歌谱,这是什么符号?

学生:反复记号。

(教师讲解反复记号的演唱方式。)

4.总结。

教师:同学们,这首《安陶谣》你们喜欢吗?今天学习了流传千百年的《安陶谣》,看到了精致典雅的陶器。一炉窑火,烧出了荣昌安陶的灵魂;一团泥土,铸造了荣昌安陶的魅力。让我们在歌声中结束今天的安陶小镇之旅吧!

【执教体会】

这节课,我用展示学生熟悉的物品——安陶的方式导入,充分体现了“音乐就是生活”。这种贴近学生生活的导入方式,让他们产生了共鸣,激起他们的兴趣。课堂上,我对歌曲的创作背景做了详细的阐释,同时利用安陶来伴奏,将抽象的学习具体化,将学生带入音乐之中,很好地激发了他们热爱家乡、热爱生活的情感。

【指导点评】

本堂课教学目标明确,符合艺术课程标准和教学理念,把课堂展示得有声有色。授课教师充分发挥教育智慧,整体设计导入、新课讲授和结束等环节。教学流程紧扣主题,首尾呼应,充分体现了微课特色。教学方法贴近生活,学生能利用教学题材理解生活中的相关音乐文化。

荣昌安陶是一种既质朴又雅致的工艺品,小到泡菜坛,大到国礼,均可驾驭。本堂课以《安陶谣》的教学,激发了学生对本地优秀传统文化的热爱。

卖报歌

执教者:张芷涵

学校:重庆市沙坪坝区覃家岗小学校

上课年级:四年级

【教学设计】

一、课型

综合课。

二、作品分析

(一)作品背景

《卖报歌》是音乐家聂耳创作于1933年的一首脍炙人口的儿童歌曲。1933年,聂耳在上海联华影片公司工作时,结识了一位名叫小毛头的卖报女孩。聂耳在了解了小毛头的经历后,为她编写了《卖报歌》。

(二)作品解读

作品采用五声宫调式,曲调明快、流畅,以朴实生动的语言,辛辣诙谐的笔调,深刻地描述了旧社会报童的苦难生活及对光明的渴望。

三、学情分析

四年级学生随着生活范围和认知领域的发展,体验、感受与探索能力进一步增强,所以在教学中应注意引导学生对音乐的整体感受。大部分学生对节奏、节拍有初步的认识,对演唱技巧有初步的掌握,但音乐欣赏能力需要继续强化。

四、教学目标

1.通过对歌曲的学习和体验，引导学生了解战争时期人民的困苦生活，珍惜当今国泰民安的幸福生活。

2.通过聆听、合作探究等方式，培养审美感知和艺术表现力。

3.体验不同表演形式的艺术效果。

五、教学重难点

教学重点：有感情地演唱歌曲。

教学难点：通过情境表演感受歌曲的情绪。

六、教学准备

视频、音频、图片、报纸等。

七、教学流程

(一)导入

1.视频感知，创设情境。

教师：同学们，欢迎来到音乐课堂。今天的音乐课让我们一起走进“她”的故事。

(播放视频。)

教师：咦，这个小女孩为什么在卖报纸呢？

学生：因为她没有钱……

教师：她为什么没有去上学呢？她这个年纪不是应该像你们一样在上学吗？

2.视听结合，整体感知。

教师：故事要回到1933年，老百姓们在战火中流离失所，过着食不果腹、衣不蔽体的苦难生活。小报童在这样的生活中，过得怎么样？我们一起来看看。

(播放视频。)

(二)学唱歌曲

1.随乐演唱，感受情绪。

教师：在这样困苦的生活中，小报童并没有被生活打垮，而是积极面对。同学们，让我们跟着伴奏一起唱这首歌。

(师生跟随音乐伴奏演唱。)

教师:歌曲的情绪怎么样?

学生:活泼、欢快,很有节奏感。

教师:它是几拍子的?

学生:二拍子。

教师:对。二拍子的旋律可以带给我们活泼欢快的感受。请同学们跟随老师的钢琴弹奏再来唱一唱,一边唱一边思考:三段歌词分别表现了小报童怎样的生活状态?

(学生随琴演唱。)

2.分段学习歌曲。

教师:谁来说一说?

学生:我觉得第一段是积极的。小报童不等天明就去卖报,一边走一边唱歌,希望大家都去买他的报纸。

教师:我们试着以这样的心情,唱一唱第一段。

教师:第二段歌词中,小报童发生了什么变化?

学生:他的报纸没有卖出去,又饿又冷,好可怜啊!我觉得这一段可以把速度放慢一点,力度再弱一点,表现出无奈、凄惨的情形。

教师:你很会用音乐要素来表现小报童的形象。你能带着这样的情绪唱一唱吗?

(学生演唱。)

教师:第三段歌词中,小报童又发生了怎样的变化?

学生:小报童坚强乐观,积极向上,期待光明的到来。

教师:是的,小报童对未来的美好生活充满了期待。瞧!这些音乐记号,哪一个最能表现充满期待的小报童呢?

学生:延音记号。

教师:是的。延音记号代表了无限的遐想。刚才我们一起通过音乐要素的变化感知了小报童不同的音乐形象。请同学们跟随老师的钢琴,来完整演唱全曲吧!

(三)拓展延伸,感知艺术形式

1.欣赏合唱版。

教师:同学们,刚才我们一起整齐地演唱同样的旋律和歌词,同时开始,同时结束,这样的演唱形式叫作什么?

学生:齐唱。

(展示板书贴。)

教师：请同学们仔细看下面这个视频，同时思考：它的演唱形式是什么？带给你怎样的感受？

（播放合唱视频。）

学生：合唱。感觉有很多声音，好像有很多报童在一起卖报。

教师：是的。多声部的加入，让音乐的色彩变丰富了。小报童的音乐形象更加鲜明，表现力更强。齐唱比合唱更易学、易参与，也更整齐。

2.欣赏表演唱。

教师：我们再来看一看，这个视频的演唱形式又是什么呢？带给你怎样的感受？

（播放视频。）

学生：又有舞蹈，又有表演，可真热闹。

教师：观察得真仔细。这样的演唱形式叫作表演唱。

（教师板书：表演唱。）

（四）小组合作，情景表演

1.小组合作，排练展示。

教师：同样的歌曲，采用不同的演唱形式，就会带给我们不同的感受。请同学们选择你喜欢的表现形式，小组合作来表演吧！请看小组合作的要求：①在组长的带领下，选择表演唱、舞蹈、课本剧等艺术表现形式来表演；②排练时，要注意合上音乐的节拍，体现音乐形象，课本剧要有故事情节，动作编排符合歌词内容；③展示时，表情自然大方，动作整齐，自然流畅。

2.小组展示评价。

①编创表现：动作整齐，合上音乐的节拍。

②演唱表现：有感情地演唱，音准准确，声音洪亮。

③舞台效果：表演自信大方，有较强的感染力。

3.完整展示。

教师：刚才我们欣赏了大家的演唱和表演。接下来，让我们一起完整地表现歌曲吧！

（播放音乐，完整表演。）

（五）小结

教师：同学们，通过今天的学习，我们一起感受了旧社会小朋友生活的艰辛，以及他们不畏艰难、积极向上的生活态度。而现在的我们在家人的呵护下，在祖国妈妈的爱护下，生活非常幸福。我们要好好学习，在奋斗中绽放，在红旗下闪光！

八、板书设计

卖报歌

聂耳

演唱形式	齐唱	合唱	表演唱
特点	整齐	色彩丰富	视听结合
	易学、易参与	表现有力度	情景表现

【执教体会】

本节课以情感为主线，用创设情境、分段感知、艺术听赏、歌舞编创等形式展开教学。

由于四年级学生已经具备一定的表达和感知能力，所以我采用了情境导入的方法，通过设问引出歌曲的创作背景，并结合视频让学生体会过去人们生活的艰苦。

学唱部分，考虑到学生对歌曲非常熟悉，我从情感入手，结合创作背景，通过音乐要素的变化来引导学生感知音乐形象。在学会演唱歌曲的同时，也让学生运用音乐知识处理歌曲情绪，形成探究式课堂。

拓展部分，根据新课标的要求，我让学生充分感受不同演唱形式带来的不同感受。同时，结合本课所学，我引导学生合作编创小型歌舞剧表演。学生在学习体验中掌握并运用音乐知识，达成了教学目标。

【指导点评】

本课的教学设计充分渗透了新课标的教学理念，立足素养，以乐育人，以艺术核心素养的培育与发展为导向，以学生为主体，面向全体学生，重视音乐体验与实践，尊重个性发展，鼓励音乐创造，教学效果明显。总的来说，这节课有以下几个特点。

1.情感为主，要素明确。

该课通过歌曲的创作背景、不同段落的变化来引导学生感知歌曲的情绪。学生通过音乐要素（速度、力度、音乐记号等）的改变来分析音乐情感，充分体现了以生为主，形成良好的课堂氛围。

2.以艺术形式，悟艺术特点。

张老师通过同一首歌曲的不同演唱形式，采用对比聆听的方法，让学生归纳艺术特点，在丰富课堂环节的同时，又让学生加深了记忆。

3.小组合作，搭建舞台。

该课充分结合新课标提出的音乐学习任务要求，班级合作编创小型歌舞剧表演，颇有新意，课堂呈现效果也非常好。

红星歌

执教者：李霞

学校：重庆市武隆区实验小学校

上课年级：四年级

【教学设计】

一、课型

欣赏课。

二、作品分析

《红星歌》是电影《闪闪的红星》的主题曲，由作曲家傅庚辰和词作者魏宝贵、邬大为创作，是一首雄壮而又带有抒情性的儿童歌曲。它采用民族七声宫调式，2/4拍，ABA三段式结构。第一乐段旋律中出现有力的四度跳进，象征着前进的号角。第二乐段节奏宽广平稳，曲调舒展，唱出了小红军对红星的深情，以乐句模进和音调的逐渐上移展开，将音乐引向全曲的高潮。第三乐段是第一乐段的再现，又回到雄壮、豪迈的进行音调，再现了小红军队列精神抖擞的形象。

三、学情分析

四年级学生掌握了一些音乐知识，积累了一定的学习经验和方法，有一定的探索新知的能力，但缺乏自主学习的能力。这要求教师利用他们的已有学习经验和方法，调动学习积极性，完成教学目标。

四、教学目标

1.通过欣赏《红星歌》，学会区别雄壮有力与优美抒情的音乐性质；初步认识三段体音乐，并会用动作表现。

2.了解歌曲中的音乐知识，强化对附点四分音符、附点八分音符以及力度记号的学习，掌握进行曲的风格特征。

3.感受歌曲的音乐风格,能用雄壮有力的声音进行演唱;从歌声中汲取力量与智慧。

五、教学重点

教学重点:感受歌曲的曲式结构和风格特点,能用坚定有力的声音跟唱《红星歌》。

教学难点:对附点八分音符和附点四分音符的准确演唱,以及对音乐记号的理解与把握。

六、教学准备

《红星歌》音频、电影《闪闪的红星》片段、《红星歌》谱表。

七、教学流程

(一)激趣导入

(播放电影《闪闪的红星》片段。)

教师:电影描写了什么故事?

(出示课题,了解背景。)

学生:年仅十岁的潘冬子一心想参加红军,冒着危险在残酷的斗争中磨炼自己,终于成长为一名光荣的红军战士。

教师:电影片段中的歌曲,就是经典的《红星歌》。大家边听边想,这首歌曲共分为几段?

(播放《红星歌》。)

(二)教唱第一段

教师:请同学们边听边仔细地观看乐谱,把乐谱中我们熟悉的音乐符号找出来。

(出示乐谱。)

教师:我们上学期学过附点八分音符和附点四分音符,请同学们和我一起演唱。

(教师示范引领。)

教师:请找出歌曲中的重音记号。

(学生找出重音记号。)

教师:附点八分音符本身就会强调第一个音符,但是作曲者在附点八分音符下又加了重音记号。两种一起使用,使音乐充满了催人奋进的力量。我们再听一听。

（播放第一段。）

教师：为了体验重音记号带给人们的力量感，我们来玩一个小游戏，在所有出现重音记号的音符上我们加入拍手的动作。

（老师和学生接力唱。）

（三）教唱第二段

教师：第二段音乐的情绪是怎样的？

（学生观看乐谱，发现第一段和第二段的演唱形式不同。）

（四）教唱第三段

教师：第三段音乐与哪一段相似呢？

学生：和第一段相似。

（五）总结

在我们身边，有着一颗颗建设祖国的“红星”：宇航员、白衣天使、警察、奥运会冠军、解放军战士，等等。同学们，你们想当哪一颗红星呢？这节课就上到这里，让我们在激昂的音乐中结束今天的课程。

【执教体会】

本堂课充满了活力与趣味，每个同学都深刻地感受到了历史的厚重。由于课型是欣赏课，因此所有的音乐活动都围绕“听”来展开。在各个教学环节，每一次听都带着趣味性、目的性、实践性、游戏性，很好地完成了本课的教学目标。不足之处是，衔接语言应力求清晰、简洁。

【指导点评】

李霞老师执教的《红星歌》是以欣赏为主、跟唱为辅的欣赏课，较好地让学生体验了歌曲的情感，感受了音乐情绪。整堂课思路清晰，教学重难点突破顺畅，学生在老师的带领下进行自主学习。

虽然歌曲学习整体完成得很好，学生都能唱出主旋律，但要真正体会这首歌所表现出的革命感情，感受歌曲自豪、积极向上的情绪，对四年级学生来说有一定难度。只能让他们多听，多领会。教师用播放视频片段的方式让学生体验歌曲所表达的真挚情感。在演唱的过程中，她善于调动学生的情绪，有效地调动学生参与课堂活动。

劝学歌

执教者:何泽淑

学校:彭水苗族土家族自治县森林希望小学校

上课年级:五年级

【教学设计】

一、课型

唱游课。

二、作品分析

(一)作品背景

重庆彭水地处武陵山区,民族风情浓郁。苗家儿女能歌善舞,在长期的生活和劳作中,创作了丰富的苗族民歌。为了劝诫调皮的孩子,人们也创作了以劝学为内容的歌曲,逐渐形成了《劝学歌》,对儿童的成长有一定的教育意义。

(二)作品解读

《劝学歌》属于啰儿调,C羽调式,一段体,共四个乐句,每个乐句都穿插具有方言特征的衬词"啰儿啰""哟""喂"等。歌曲朗朗上口,前倚音、下滑音的应用使旋律贴近彭水人民平时说话的语气,更加凸显了彭水苗族民歌的特色。

三、学情分析

五年级学生具备一定的演唱能力和分析、表现音乐的能力,有较强的好奇心和探究欲,整体乐感较强,具有一定的识谱能力,但对彭水本土音乐的风格还不够了解。

四、教学目标

1. 能用彭水方言演唱歌曲，感知前倚音和下滑音的作用和特点。

2. 能用彭水方言编创劝学歌词，并以山歌的形式演唱。

3. 通过歌曲的学习，激发对彭水苗族民歌的热爱之情。

五、教学方法

体验性教学法、欣赏法、演示法。

六、教学重难点

教学重点：能用彭水方言演唱歌曲，了解前倚音和下滑音的作用和特点。

教学难点：能用彭水方言编创劝学歌词，并以山歌的形式演唱。

七、教学准备

钢琴、多媒体、任务单等。

八、教学流程

（一）导入

（教师进行情景表演。）

教师：同学们，老师刚才说的话具有哪个地方的方言特色？

学生：彭水。

教师：是的，这是我们彭水苗族的方言。我们的前辈用本土语言随口唱出一些歌曲，并记录了下来，其风格各异，体裁较多，有山歌、劳动号子、啰儿调等，展现了人们的劳动状态和生活场景。

【设计意图】让学生初步感受彭水方言，为学习歌曲做铺垫。

1. 初听歌曲。

教师：仔细聆听，这首歌曲唱了些什么？

学生：调皮的小孩不读书不识字。

教师：这是一首短小的山歌——《劝学歌》。调皮的小孩不爱学习、贪玩，因此大人们劝他们要努力学习。

【设计意图】让学生了解歌曲的背景和主要内容。

2.再次聆听歌曲。

教师:边看歌谱边听音乐,注意歌曲中出现了哪些方言词语。

学生:拐火、耐不活等。

(教师出示方言讲解。)

【设计意图】了解歌曲中出现的彭水方言,能明白它们的意思。

(二)学唱歌曲

1.学唱旋律。

教师:下面我们随琴声演唱旋律。

(学生演唱第一遍。)

教师:同学们在唱的时候,要注意休止符。再来试试。

(学生唱第二遍。)

教师:请听老师唱的和你们有什么不同。

(教师唱第一句。)

学生:有的地方唱得比较重,这样更动听、更有趣。

教师:之所以有这样的感受,是因为歌曲中出现了下滑音,使旋律更加动听。你们也来试一下,注意有下滑音的地方。

(学生唱第三遍。)

【设计意图】通过多次演唱熟悉旋律,体会下滑音的唱法。

2.学唱第一段。

教师:接下来,让我们加入歌词唱一唱。

(学生第一遍唱第一段。)

教师:我们在唱的时候,要凸显彭水方言的特点,用说彭水话的感觉演唱。

(学生第二遍唱第一段。)

教师:嗯,有点味道了。大家边唱边感受前倚音和下滑音在歌曲中的作用。

(学生第三遍唱第一段。)

【设计意图】通过三次演唱,学生能用彭水方言有味道地演唱歌曲,并且体验到前倚音和下滑音给歌曲带来的韵味。

3.学唱第二段。

教师:让我们用刚才的方法来演唱第二段歌词。

(学生第一遍唱第二段。)

教师：第二段歌词这样唱，更加贴近我们平常说话的语气，韵味更加浓厚。我们用这样的语气再唱一唱第二段歌词。

（学生第二遍唱第二段。）

教师：我们在唱的时候，还要注意这些字的发音。再唱。

（学生第三遍唱第二段。）

教师：这次韵味十足了。

【设计意图】感知彭水方言的加入导致旋律发生了变化，更加体现出彭水方言独特的韵味。

4.歌词编创。

教师：同学们，以前影响学生学习的因素主要有贪玩、贫穷、家务繁多等。新的时代，科技进步了，影响你们学习的因素有哪些呢？

学生：手机、游戏……

教师：如果你们遇到了不爱学习的同学，要怎么劝他学习呢？把你们的方法也编进歌里唱一唱。

（学生编创歌词，分组汇报。）

教师：这里有两个小组的歌词，我们来看一看。山歌多以对唱的形式展开，请你们也以对唱的形式来唱一唱。

【设计意图】学生自己编创劝学的歌词，并用对唱的形式演唱出来，既提高了学生的编创能力，又能体会歌曲的韵味。

（三）小结

教师：同学们，我们彭水还有很多苗族民歌，比如《弯弯号》《娇阿依》等。苗族民歌已经被列入国家级非物质文化遗产名录，希望同学们努力学习，以后将更多的本土音乐带上更大的舞台，让它们得到更好的发扬和传承。

九、板书设计

《劝学歌》

本土语言

前倚音　下滑音

【执教体会】

这是一首极具本土语言特色的歌曲，有些学生还没有接触过类似的作品。作为一名新教师，通过这节课，我明白了音乐课要坚持以乐育人，注重培养学生的音乐素养。在平时的课堂中，要注重普及本土音乐，通过音乐教育陶冶情操、启迪智慧，激发学生对本土音乐文化的热爱与传承。

课堂上，要以学生为主体，让他们在愉快的音乐实践活动（听、唱、讨论、联想、律动等）中，主动去发现、探究、感受音乐。

在以后的课堂中，我要更加注意对课堂的掌控和对学生的引导，准确、机智地把握教学时机。

【指导点评】

执教者是一名走上工作岗位不久的年轻教师，专业技能扎实，活泼亲切、热情大方。她的音乐课堂亲切自然、氛围浓厚，深受学生喜欢。经过多次试教和反复打磨，她对本课已有自己独特的感悟和理解，因此敢于在比赛中选择这个课题。

但是，本课有不足之处在所难免。比如，教学语言不够精练，教学时机把控还不够精准，等等。

走街街

执教者：王娜

学校：重庆市渝中区天地人和街小学校

上课年级：五年级

【教学设计】

一、课型

唱歌与表现课。

二、作品分析

（一）作品背景

这首重庆方言儿童歌曲是张美容编曲、集体作词的原创作品，以儿童的视角表现了重庆的变化，充分体现了童真童趣。歌曲描述了重庆千年古镇——磁器口，曲调突显川渝风格。

（二）作品要素

歌曲音调在降E同宫系统内转调，音域控制在十度内，歌词地域色彩浓厚，有许多极富特色的重庆方言，同时具有儿童语言的特征。

（三）作品解读

歌曲为三段体，三个部分的情绪对比鲜明。童谣和演唱部分运用了重庆方言，极具地方特色。在音乐中，拍手节奏的穿插使歌曲更加富有童趣，节奏感强。歌词朗朗上口，突显重庆儿童热情开朗的性格特点。

整首歌曲重庆地方韵味突出，演唱时需要保持高位置发声，腔体自然通畅，气息沉稳同步，吐字咬字准确清晰，字正腔圆，在需提眉亮眼的时刻保持较兴奋的开口状态。特别是长音部分，要唱满时值且嗓音圆润明亮。歌曲的演唱需结合律动来进一步提高表现力。

三、学情分析

(一)身心特点

五年级的学生具有高度自觉、求知欲强的特点,自我意识逐步形成,情感不轻易外露,更乐于用语言来表达自己的想法,在音乐艺术表演中显得拘谨。

(二)核心素养

审美感知:具备一定的审美感知能力,已形成较准确的音乐鉴赏能力,能在音乐中获取鲜明、生动的审美印象,能通过演唱和欣赏表现音乐情感。

艺术表现:掌握了一定的艺术表现技能,能通过音乐表达思想感情,塑造音乐形象;能由当前所感知的事物联想到真实的生活场景,用演唱、肢体律动和语言表达自己对音乐作品的理解。

创意实践:能较好地结合现实生活进行音乐创新和表现;能在教师营造的情感氛围中,带着自己对家乡的见解表现歌曲,愿意探究音乐作品的二度创作和审美体验。

文化理解:能把握作品内涵,较好地进行审美理解、领悟;能通过演唱传唱本土优秀的音乐作品。在音乐学习体验中具有一定的民族观、文化观及地域文化自信。

(三)音乐能力

基础技能:能够听辨出旋律的起伏和不同的音乐情绪;在聆听的过程中能够判断和构建音乐形象;能够哼唱十度以内的音符;能够认知切分节奏、附点节奏、四分休止符、八分休止符和一字多音,并能进行演唱。

演唱技能:能够用正确的姿势、连贯的气息、自然的声音、较好的力度演唱歌曲;会用轻声演唱,能根据教师的手势做出音量的调整;具备分声部合唱的能力。

四、教学目标

1.通过聆听、欣赏、演唱等方法,感知川渝地方音乐风格。

2.对歌曲中休止符的运用有自己的理解;能进行二声部演唱,并用明快激昂的情绪表现歌曲。

3.了解歌曲传达的地方文化,乐意表现和传承地方音乐。

五、教学方法

直观演示法、听唱法、练习法。

六、教学重难点

教学重点:品味歌曲的生动谐趣,进行表演唱。

教学难点:第二乐段二声部的演唱、第一乐段间奏和休止符的停顿。

七、教学准备

课件、钢琴、导游旗、板书等。

八、教学流程

(一)巧设情境,巩固情感表达

1.回顾上一课时已学内容并谈学习收获。

2.出示吊脚楼图片,教师讲解。

教师:同学们,知道吊脚楼是什么吗?

(播放视频。)

教师:吊脚楼是重庆的古老建筑。它临水而立,依山而筑。走在石板路上,你会感受到生命的古朴和祖先们顽强的精神。

3.学生谈感受。

(二)教授歌曲第一乐段

1.师生合作演唱第一段歌词。

教师:让我们用深情的歌声演唱。

2.出示第一乐段歌谱和歌词。

提问1:八分休止符起到什么作用?

提问2:为什么有4次拍手的间奏?

3.分小组演唱。

教师:重庆又名山城,独特的地形把这座城市分为上半城和下半城。

4.引导完整演唱第一段。

教师:同学们,准备好了吗?将第一段歌词连起来唱。

(三)教授歌曲第二乐段

1.出示第二段歌词。

教师:鲜香的火锅等着你们哦。自由地唱一唱!

2.讲解火锅的起源。

教师:重庆火锅最早是船工、纤夫们的餐饮方式。由于常年靠水,早出晚归,家人常在岸边围煮等候。

3.学生自主选择演唱状态。

教师:演唱第二段歌词时,你觉得应该用怎样的状态演唱?请一个同学上来选词贴板书。

4.教唱二声部的部分。

5.引导学生完整演唱第二段歌词。

(四)结课延展

教师:“打卡重庆,唱响古镇”,同学们,我们的表演即将开始!

(播放视频,引导完整演唱。)

教师:一条石板路,千年磁器口!感谢祖先们给我们留下的精神财富,希望同学们能在今后的学习中,用歌声继续去唱响你心中的重庆地方音乐文化。“打卡重庆,唱响古镇”到此结束!

九、板书设计

走街街

打卡重庆　唱响古镇

走上街	巴渝文化	激动地
	红岩文化	深情地、热情地
	民间文化	欢快地
走下街		抒情地

【执教体会】

我以“情境启美，歌声育美”为本课的目标，以重庆地域特色为灵感来源，对歌曲进行了二声部的二度创作，旨在通过两个声部的合作演唱，让学生进一步感知重庆文化符号，提升歌唱素养。

1.合作演唱立情境，思学习效果。

我创设了“打卡重庆，唱响古镇”的旅游情境，让学生在了解文化的同时，感知第二乐段音区的升高，自信地进行独唱；结合重庆山城独特的地形，想象间奏和休止符的音乐形象，进行第一乐段的合作表演。

2.古镇文化探根源，思学习收获。

我在学唱中进行“导游和游客”的情境表现，从中理解古镇文化的价值所在，让学生用歌声表达对家乡的热爱。

【指导点评】

本节课教学过程以提升学生音乐素养为出发点，充分注重他们的内心感受与体验。

1.紧扣情境线索，体会重庆儿歌，设计细致精妙。

教师对学生进行了具体分析，师生共同解决本课难点。这一过程提高了学生的歌唱技能，让他们在达成目标的过程中体验到学习的乐趣。

2.注重审美导向的引领，以美促美，以美化人。

教师注重从“会唱歌”到“唱好歌”的转变。他站在学生的角度，将导游、打卡作为线索贯穿歌曲，趣味十足，二声部合唱表现了山城的地形特点，做到了以美化人，润物无声。

赞三峡

执教者:谭霞
学校:重庆市万州江南中学校
上课年级:高一年级

【教学设计】

一、课型

鉴赏课。

二、作品分析

(一)作品背景

川东竹琴是三峡地区人民群众喜闻乐见的一种曲艺,蕴含着丰富的历史、艺术、人文和实用价值。《赞三峡》由三峡曲艺团谭华波创作,由国家级非物质文化遗产——川东竹琴的传承人何菊芳演唱,表达了对家乡的赞美。

(二)作品要素

《赞三峡》的旋律根据方言语调依字行腔而形成。竹琴唱腔各异,《赞三峡》主要运用了放大腔。川东竹琴的特点很多,本节课重点介绍半说半唱的特点。

(三)作品解读

《赞三峡》采用川东竹琴的艺术形式,表达了对三峡地区独特的民俗文化、风景以及美食的赞美之情。

三、学情分析

高一年级学生对地方传统音乐缺乏认识和理解，因此在音乐鉴赏课上应多让学生用心聆听，激发他们对地方传统音乐的兴趣。

四、教学目标

1. 掌握川东竹琴的旋律、唱腔以及演唱的特点。

2. 了解家乡传统音乐文化，从而更加热爱家乡，形成传承意识。

五、教学方法

欣赏法、讨论法、创作法、探究法等。

六、教学流程

（一）激趣导入，认识竹琴

1. 师生问好。

2. 课前作业反馈，学生分享收集的川东竹琴资料。

教师：上节课老师让大家收集关于川东竹琴的资料，谁可以分享一下？

（选择三位学生分享。）

3. 教师范唱。

4. 引入课题。

教师：正是美丽的三峡孕育出了极具地方特色的竹琴文化。今天就让我们一走进川东竹琴的代表作品——《赞三峡》。

（二）新学探究，走近竹琴

1. 聆听第一部分，思考歌曲赞美了什么。

教师：歌曲赞美了哪些风景？

2. 感受歌词。

教师：三峡风光美不胜收，让人赞叹。我们来读一读歌词。

学生：万里长江美如画。

（教师使用方言对比朗读。）

教师:老师和大家读的有什么不一样?

学生:用了方言。

(学生使用方言读歌词。)

教师:方言读,方言唱,自有地方韵。

3.依字行腔。

(老师用方言唱一遍,学生学唱。)

教师:大家唱得太好了！方言和旋律有什么联系呢?

学生:旋律和方言的语调相似。

教师:是的。《赞三峡》的旋律就是根据方言语调而来的,这就是曲艺中的“依字行腔”。

4.放大腔。

教师:曲艺中的唱腔风格各异,能够展现人们不同的情绪。听老师唱,同学们感受尾音的特点。

(教师清唱:美如画啊。)

教师:你们来唱一唱。

(学生唱。)

教师:这个尾音有什么特点呢?

(学生谈感受。)

教师:这里为什么要这样唱呢?因为只有这样唱,才能表现三峡的山水秀丽。这里运用了竹琴中的放大腔。让我们怀着由衷的赞美之情,随琴唱一唱。

(学生唱。)

教师:同学们的演唱婉转悠扬。三峡还有什么让人赞不绝口的呢?请听第二部分。

(教师演唱第二部分。)

教师:第二部分的演唱有什么特点呢?

(学生回答。)

教师:是的。这里的演唱有半说半唱的特点。

(板书。)

教师:我们一起来感受川东竹琴的说唱特点。标有节奏的地方,你们用方言说;有旋律的地方我来唱。

(第一遍学生说,教师唱。)

教师:刚刚老师唱的旋律部分。现在你们来唱一唱,我来说。

(第二遍教师说,学生唱。)

教师:非常不错。同学们请看曲谱,上面标有“尺”的地方是重拍,标有“仓”的地方需要击打渔鼓。你们用你们自己的方式来代替竹琴的伴奏。下面分组练习，一会儿进行展示。

（小组练习，教师指导。）

教师：同学们，你们用了哪些方式来代替竹琴的伴奏？

（学生小组展示。）

教师：同学们都非常有创意。我们选一组来展示一下。

（师生共同表演。）

教师：同学们的表演很投入，让我看到了传承的希望。我们一起走进歌曲的第三部分。

（播放第三部分视频。）

（完整欣赏歌曲。）

（三）演创拓展，传承竹琴

教师：今天我们通过欣赏《赞三峡》，总结了川东竹琴的旋律特点、演唱特点。现在让我们用川东竹琴展示万州风采。

（学生分组讨论，然后展示创作的旋律。）

（四）知识拓展

教师：同学们，你们还知道哪些川东竹琴的作品呢？

（欣赏川东竹琴《双枪老太婆》视频片段，了解一人扮演多个角色的特点。）

（五）总结

教师：2008年，川东竹琴被评为国家级非物质文化遗产。我们作为万州人，是否应该传承这种本土文化？

（学生回答。）

教师：我们要坚定文化自信，传承中华优秀传统文化。长江千里美如画，川东竹琴赞三峡。演唱家乡的歌，传承本土文化，是我们每个中华儿女的使命。

【执教体会】

高中音乐鉴赏课对提升学生的综合素质、发展学生音乐核心素养具有重要的作用。回顾这堂课的教学，我有以下几方面的感受。

一是重视了音乐的本土性。对作品的选择、分析及拓展，都立足三峡地区，凸显川东竹琴的风格特点。深入挖掘地域特色，加强作品与学生、音乐与生活的联系，激发学生的学习兴趣，使他们理解文化内涵，增强文化自信。

二是重视了学生的主体性。无论是课前自主收集川东竹琴的相关资料，还是课中的鉴赏，我都让学生通过聆听、观看、评述和创作等，去发现问题、解决问题，深入感知川东竹琴在旋律、歌词、创作手法等方面的特点，掌握相关知识与技能，树立文化传承的信心。

一堂课的时间很短。在今后的教学中，我还需要持续深入地学习，为学生的素养发展服好务。

【指导点评】

1.教学分析：教学内容符合学生的认知水平，教学容量恰当，教师演唱、演奏示范准确。

2.教学目标确定：大多数学生能够记住川东竹琴的“依字行腔”“放大腔”，形成运用川东竹琴的旋律特点演唱《赞三峡》的能力。

3.教学策略：教师运用欣赏法、讨论法、创作法、探究法等，激发学生的学习热情，促进学生提高思考能力、分析能力、动手能力。多媒体与实物呈现的教学手段，有助于突破教学重难点，帮助学生形成探讨、解决问题的思路。

4.教学特色：教学设计中，教师通过聆听、范唱、学唱、表演唱，将学生置于情境中，学习效果明显提升，学生学习兴趣浓厚。学生不仅收获了音乐知识技能，还学会了感受音乐的方法，更获得了对传统地方音乐的认同。

嘉陵江上

执教者：梁正东

学校：西南大学附属中学校

上课年级：高一年级

【教学设计】

一、课型

综合课。

二、作品分析

（一）作品背景

《嘉陵江上》本是端木蕻良1939年作于重庆的一首散文诗，后经作曲家贺绿汀谱曲，成为一首为大众熟知的抗日救亡歌曲。歌曲寄托了作者对失去的家园——东三省的怀念，唱出了收复失地的决心。它自问世以来，受到群众的广泛欢迎，并作为抗战歌曲鼓舞人心。

（二）作品要素

《嘉陵江上》为二部曲式的结构，3/4拍，旋律具有歌唱性。前奏由2个不平衡乐句构成，在激动和悲伤的音乐声中推进到A段。A段为b小调，共有30个小节，由5个乐句构成，句法的不平衡与音乐情绪的起伏相呼应，为歌曲后面的段落做铺垫。3个小节的间奏之后进入B段。B段共有19个小节，由3个乐句构成，从最初的e小调逐步转移到关系大调G大调，最后回到主调b小调上。与A段相比，B段速度加快，情绪激动、紧张、愤怒。总体来说，A段音乐情绪悲伤，速度较为缓慢，抒情性较强，而B段速度稍快，情绪紧张而愤怒，与A段形成鲜明的对比，但又不失和谐。

(三)作品解读

歌曲整体分为两个部分。第一部分表现了主人翁因敌人入侵而背井离乡,只身徘徊在嘉陵江旁,面对眼前的一切,更加怀念故乡的悲痛心情。第二部分表达了主人翁决心要打回故乡去的信念,在感情的酝酿和发展上层层递进,在三次弱起推进的"必须"中达到高潮。

三、学情分析

高一的学生处在身心发展的关键时期。他们已经具备了一定的音乐理解能力与审美能力,但对音乐文化的观察能力和音符内涵的感知能力还有待提高。《嘉陵江上》是一首典型的中国艺术歌曲,具有别具一格的音乐风格和突出的时代特点。无论是情感表达还是音乐形式,《嘉陵江上》都拥有独特的魅力,对于高中生感受时代特征也具有特殊意义。

四、教学目标

审美感知:观察散文诗式的中国艺术歌曲的写作特点,感受中国艺术歌曲的演唱方式,体会音乐中的细节美。

艺术表现:演唱《嘉陵江上》片段,通过音乐细节的变化加深对主人公心理状态的理解,并通过动作的编创将自己理解的角色表现出来。

文化理解:通过对歌曲背景的了解和音乐内容的理解,体会先辈的情感与当下生活的来之不易,牢记历史。

五、教学方法

讲授法、视唱法、情感体验法、分组交流法。

六、教学重难点

教学重点:学习歌曲《嘉陵江上》并了解其音乐内涵与精神内核。

教学难点:歌曲结构,创作逻辑;感受细节,演唱音乐;体验角色,理解内核。

七、教学准备

多媒体设备、乐谱等。

八、教学流程

(一)朗诵导入,介绍背景

教师:我昨日徒步于嘉陵江旁,见江水之悠悠,思乡之情顿时涌入心头,提笔写道:"那一天,敌人打到了我的村庄,我便失去了我的田舍、家人和牛羊。"这是1939年诗人端木蕻良在嘉陵江边创作散文诗《嘉陵江上》时的情景。端木蕻良是东北人,来到重庆后,大后方相对平静的生活给了他创作的条件,也使他更加思念已经沦陷的家乡,于是诗作《嘉陵江上》应运而生,后由作曲家贺绿汀谱曲。该曲诞生后,迅速在国内传唱开来。

【设计意图】在预设情境中讲解歌曲的创作背景,不仅能营造课堂氛围,还能让学生尽快进入角色。

(二)思考聆听

教师:请同学们对照手中的导学单,欣赏艺术歌曲《嘉陵江上》。在聆听的同时思考以下三个问题:

1.歌曲分为几段?

2.歌曲速度变化如何?

3.歌曲情绪是什么?

(播放歌曲。)

【设计意图】提前预设问题,给学生指明方向,让学生有目的地思考。

(三)作品讲解,深入思考

教师:同学们,你们觉得歌曲分为几段呢?

(学生回答。)

教师:《嘉陵江上》采用主副歌形式的单二部曲式结构,分为A、B两段。除了前奏外,构成A段的是在b小调陈述的5个乐句,一共30个小节。在间奏3个小节后,歌曲来到B段。构成B段的有3个乐句,共19个小节。

教师:歌曲的速度有什么变化呢?

(学生回答。)

教师:A段速度较慢,而B段相较于A段,速度明显加快。

教师:创作歌曲时,作曲家从前奏开始便引入音乐的情绪。变化音的运用体现出了20世纪30年代动荡不安的社会背景。紧接着就是A段简短而有力的歌词，呐喊的六度大跳揭开了悲剧的序幕。

（教师清唱："那一天，敌人打到了我的村庄，我便失去了我的田舍、家人和牛羊。"）

教师：大家觉得A段的情绪是怎样的呢？

（学生回答。）

教师：A段书写作者思念家乡，怀念自己失去的"田舍、家人和牛羊"，音乐充满了悲伤。所以A段音乐情绪是伤感的，具有较强的抒情性。

教师：B段大量使用了弱起节奏，向上推动了三个"必须"。

（教师清唱："我必须回到我的故乡，为了那没有收割的菜花，和那饿瘦了的羔羊，我必须回去，从敌人的枪弹底下回去，我必须回去，从敌人的刺刀丛里回去。"）

教师：大家觉得B段的情绪是怎样的呢？

（学生回答。）

教师：B段通过宣叙式的演唱，表达出要打败日本侵略者回到故土的决心。所以B段的情绪转为激昂、紧张，与A段形成鲜明的对比。

【设计意图】在预设问题的前提下分析歌曲内容，引导学生主动思考。

（四）教唱作品

教师：我们试着通过演唱的方式，走进主人公的内心，体会音乐中的情感。请大家看谱面的A段第一到第九小节，从"那一天"到"牛羊"。

（教师教唱。）

教师：最开始的演唱要果断，表示自己的震惊，要唱出对敌人的愤恨；到"村庄"时要有失落感。

【设计意图】在音乐实践中感受角色的心理状态。

（五）动作编创，学生表演

教师：动作可以更加直观地体现角色的内心。给大家两分钟，思考、讨论与准备符合这首歌曲的动作。

（学生分组讨论。）

教师：请一组进行表演唱。在他们表演的时候，其他同学一起唱。

（学生表演。）

【设计意图】开发学生的想象力，动作与演唱相结合，外化角色情感。

(六)学生分享感受

教师:学习完这首歌曲,你们有什么体会呢?

(学生回答。)

【设计意图】让学生思考如何看待这首歌曲。

(七)总结

教师:过去的百年,中国一路披荆斩棘,涌现了一批批优秀的华夏儿女。新时代的我们,应接过先辈手中的火把,砥砺前行,努力学习,不负韶华。今天的课就到这里,再见!

【执教体会】

备课过程中,我反复聆听和研究这首歌曲,深刻体会到了音乐传达出的深切思乡之情和抗战决心。在课堂上,看到学生们认真聆听和思考,我感到一种强烈的责任感和成就感。

在教学过程中,我努力将学生带入创作背景,让他们体验那段历史和歌曲中的情感。通过提问和引导,我看到他们对音乐的理解逐步深入,尤其是在演唱和表演环节,他们展现出的热情和创造力令人印象深刻。

最后,学生们真诚的分享和反思,让我感到非常欣慰。他们不仅理解了歌曲的历史背景和情感内核,还表达了对历史的敬畏和对当下生活的珍惜。这节课让我更加坚信音乐教育的价值和意义,也让我明白,通过音乐,我们不仅能传递知识和技能,更能传递情感、历史和文化。

【指导点评】

这节课的教学设计和实施都非常出色,展现了教师的专业素养和教学智慧。教师通过详细的背景介绍,将学生带入歌曲创作背景中,帮助他们理解作品的历史意义和情感内涵,这种导入方式增强了学生的代入感,激发了他们对歌曲的兴趣和共鸣。

在教学过程中,教师通过提问和引导,解析了歌曲的结构、速度变化和情绪起伏。学生提高了音乐鉴赏能力,逐步掌握了分析方法。教师的现场演唱和指导,增强了课堂的互动性,帮助学生理解了歌曲的情感表达和演唱技巧。在学唱和表演环节,教师分步骤引导学生,从乐谱学习到编创动作,学生不仅提升了演唱技巧,还通过肢体语言表达了对歌曲的理解,这种方法增强了学生的音乐实践能力和创造力。

最后,学生们的分享和反思,充分体现了教师在教学中的引导作用。他们不仅理解了歌曲的历史背景和情感内核,还表达了对历史的敬畏和对当下生活的珍惜。这节课不仅是一堂音乐课,更是一堂生动的历史和情感教育课。

绣红旗

执教者:陈旭东

学校:重庆市璧山中学校

上课年级:八年级

【教学设计】

一、课型

欣赏课。

二、作品分析

歌曲选自歌剧《江姐》,是江姐和难友们在狱中得知中华人民共和国成立时,饱含热泪,置生死于度外,用全部心血来绣红旗、庆胜利而演唱的一首歌曲。歌曲为F徵调式,四四拍,中速,采用分节歌的形式创作而成。全曲为单乐段结构,共6个乐句。歌曲旋律朴实、优美而深情,充分表现了江姐和难友们对新中国美好未来的无限憧憬和祝福,更表现了江姐视死如归的坚定革命信念。

三、学情分析

八年级学生的心理渐趋成熟,获取知识和信息的途径增多,具备一定的鉴赏和歌唱能力。但他们的审美趣味偏向流行音乐,对我国的民族音乐了解不多,需要教师加以引导。

四、教学目标

通过聆听歌曲《绣红旗》,感受歌曲中蕴含的革命思想、音乐情感,进而用歌唱去体验剧中人物所表现出来的高尚的无产阶级革命思想及感情。

五、教学方法

欣赏法、讲授法、示范法。

六、教学重难点

教学重点：了解歌剧《江姐》的主要内容和历史背景，以及川剧高腔中“帮腔”的演唱形式。

教学难点：学唱《绣红旗》片段，把握戏曲风格。

七、教学准备

钢琴、多媒体、红旗道具等。

八、教学流程

（一）新课导入，引出课题

教师：同学们好。

学生：老师好。

教师：请坐。同学们，我们总说五星红旗是烈士的鲜血染成的，没有革命先烈的流血牺牲，就不会有新中国的成立，更不会有我们如今幸福的生活。今天这堂课，我要给同学们讲述《红岩》里的一个片段。

（播放背景音乐，教师讲述。）

教师：寒风细雨中，守望在女牢门边的人们，避开昏黄的狱灯，在黑暗中仰头看天，仔细分辨着飞机越过高空的嗡嗡声。牢门边掠过一个看守员的身影，轻轻的脚步声引起了静卧着的孙明霞的注意，她一翻身便向门边走去。“江姐！”孙明霞轻快地跑了回来，惊喜地说：“又有信来了。”

（播放《绣红旗》。）

【设计意图】通过讲述的方式，增强学生的代入感，并引出课题“绣红旗”。

（二）背景介绍，整体感知

教师：同学们，刚才我们欣赏的是歌剧《江姐》第七场的选曲。剧中，江姐在临刑前获悉中华人民共和国成立，代表着新中国的五星红旗升起来了，她和难友们含着热泪唱起了这首《绣红旗》。

教师：欣赏完后，同学们有怎样的感受？

学生：我感觉内心非常激动。歌曲很深情，充满渴望。

教师:很好。同学们,江姐的原型是革命烈士江竹筠女士。1948年,她在重庆开展地下工作时不幸被捕。在狱中,面对敌人的严刑拷打,她坚贞不屈,视死如归。1949年11月,为了共产主义理想,她献出了年仅29岁的生命。江竹筠的故事感动了无数的中国人。1964年,由中国人民解放军空军政治部文工团创排的《江姐》首演,轰动了全国。

【设计意图】对音乐情绪、歌曲背景和人物形象作简要介绍,与学生形成共情,激发学习兴趣。

(三)欣赏歌曲第一段,讲解演唱形式和帮腔

教师:请同学们聆听歌曲《绣红旗》的第一段,思考歌曲的演唱形式是什么。

学生:齐唱和领唱。

教师:很好。我发现同学们具有很高的音乐素养。以齐唱穿插领唱的方式去表现剧情,这种形式叫作伴唱。伴唱借鉴了川剧高腔中帮腔的形式。那什么是帮腔呢?帮腔是在戏曲演出中,用后台或场上的帮唱衬托演员的唱腔,渲染舞台气氛,或叙述剧中人的心情。下面请同学们拿起手中的红旗,在帮腔部分挥动旗帜,再次感受这段旋律。

【设计意图】对已学过的知识点进行延展,拓宽知识面,提升音乐理论水平,并检验教学重点达成情况。

(四)演唱歌曲第二部分,分析旋律特点

教师:请同学们观察谱例,找出每个小乐句的起音和尾音。它们的旋律走向是怎样的?

学生:每个小乐句的起音是“mi、fa、sol”,尾音是“do、re、mi”,旋律走向是上行。

教师:起音和尾音都是上行,情感层层递进,逐渐激昂,这是运用了戏曲中“楼外楼”的创作手法。

教师:请同学们结合歌词,思考这段旋律还有怎样的特点。

学生:一字多音。

教师:你观察得很仔细,掌声送给他。同学们,“多少年多少代,今天终于盼到了你”,这里的“你”是指什么?

学生:新中国的成立。

教师:很好。让我们再现江姐此刻的心情,用激动的、充满喜悦的声音唱一唱。

【设计意图】通过师生唱谱、教师范唱的方式,让学生找出旋律的特点,目的是解决教学难点,让学生通过歌唱去体会革命思想,表达感情。

(五)课堂总结

教师:同学们,一代人有一代人的使命,一代人有一代人的担当。《江姐》作为中国民族歌剧史上的一部经典之作,需要一代又一代的文艺工作者去传承和演绎。而江姐所展现出来的共产党人的勇往直前、不畏艰险的精神,更需要我们在新的时代不断地去发扬光大。今天这节课我们就上到这里,下课。

【执教体会】

重庆红色文化底蕴丰厚,特别是红岩文化,经过历史的洗礼,流传至今。经过调查后,我发现多数学生对本土的红岩文化、红岩音乐了解不深,需要教师加以引导,让红岩精神代代相传,从而落实立德树人的根本任务。

在本节课中,我采用了讲述、观看、聆听、范唱、演唱等教学方式,让学生去体会蕴含着伟大的爱国主义思想和民族精神的红岩精神。通过听赏、讲解、范唱、师生合作演唱的方式,学生体会了川剧高腔中的帮腔和戏曲中"楼外楼""一字多音"的旋律特点。音乐与戏曲文化的巧妙结合,让学生在学习中坚定了文化自信,树立了正确的价值取向。

【指导点评】

陈老师的这堂课,充分渗透了"立足素养,以乐育人"的教学理念,以艺术核心素养的培育为导向,以学生为主体,面向全体学生,重视音乐体验与实践,巧妙地进行学科融合教学。

陈老师对教材进行了深入的研读,以核心素养为导向,以提高学生审美和人文素养为目标,紧紧围绕以美育人、以美化人、以美润心、以美培元的育人宗旨,为本堂课制订了恰当、切实可行的教学目标。

在本堂课的教学中,陈老师设计了讲述、聆听、律动与演唱等音乐实践活动,让学生感受音乐美、欣赏音乐美、表现音乐美,充分发挥了艺术课程在培育学生审美素养中的重要作用。值得一提的是,陈老师通过讲述红岩故事片段的方式导入,在背景音乐的渲染下,将学生吸引到课堂中,极大地增强了学生的代入感,提升了学习兴趣。

走进歌乐山

执教者:周玉倩

学校:重庆市永川北山中学校

上课年级:七年级

【教学设计】

一、课型

唱歌课。

二、作品分析

(一)作品背景

作品旋律欢快活泼,表现出少年儿童积极向上的精神风貌。

(二)作品要素

作品是d小调2/4拍的歌曲,为进行曲速度。全曲4个乐句,两段体,采用同头换尾的创作手法。

(三)作品解读

本作品以歌乐山为素材,红岩精神为载体,用轻快活泼的曲调,描绘出少年儿童对优秀革命文化的热爱,和对未来生活的憧憬与向往。作品简短精练,内涵丰富。

三、学情分析

七年级学生已经掌握了基本的演唱方法,初步具备分析和理解作品的能力,通过聆听、演唱等多种方法感受作品后,能准确地把握作品体现的爱国主义思想。

四、教学目标

1.学唱歌曲,能用良好的歌唱状态表现作品。

2.了解红岩故事,感受红岩精神。

3.通过聆听、视唱理解同头换尾的创作手法,感受作品欢快活泼的情绪。

五、教学方法

聆听法、模仿法、合作法。

六、教学重难点

教学重点:学会用正确的方法演唱歌曲,激发学生对红岩革命文化及地方音乐的关注。

教学难点:理解同头换尾的创作手法,感受第三、四乐句音高的起伏。

七、教学准备

钢琴、多媒体等。

八、教学流程

1.通过谈话导入,营造氛围,为引出红岩精神做好铺垫。

【设计意图】通过聆听感知,创设良好的课堂氛围。

2.作品认知,学唱歌曲《走进歌乐山》。

3.引导学生进行律动,从律动中提取音乐信息,感受二拍子。

【设计意图】通过肢体动作感知节拍和旋律起伏。

4.播放视频,感受乐句。

【设计意图】用视听结合的方式学习划分乐句。

5.分段演唱,感受旋律的起伏,理解二段体。

【设计意图】通过聆听和视唱,熟悉旋律,体验二段体。

6.填词演唱。提醒学生打开口腔,眉毛上扬。

【设计意图】引导学生用正确的歌唱方法表现歌曲。

7.自信、完整地演唱作品。

【设计意图】通过演唱,完整地表现作品。

8.配乐朗诵,深入理解红岩精神。

【设计意图】点燃学生对优秀革命文化的热爱,和对未来生活的憧憬与向往。

【执教体会】

由于所选作品缺乏音频素材，为增强教学效果，我录制了《走进歌乐山》的伴奏和范唱。根据歌曲音域和初步试讲的结果，我调整了整体教学框架，音乐教学主线和文化渗透暗线两条线并进。

每一次试讲都会有许多疑问产生，学生的演唱还能再好一点吗？演唱难点的突破能不能更直接？学生的律动还能加强吗？怎样才能使全体学生参与活动呢？时长问题怎么解决？直至上课前，我还对部分环节进行了微调。授课结束后，我仍觉得有缺陷，如设计不够完善，执教中反馈不及时，等等。

【指导点评】

这堂课极富感染力的教学博得大家一致好评。授课教师用生动的语言、优美的体态和良好的教学互动，把初中音乐教学的内涵诠释出来了。

1.教师基本功扎实，教态亲切自然，极具亲和力。课堂上，除了用声乐引导，用钢琴示范，执教者还以视频的形式，让学生充分地、直观地感受到了红岩精神的伟大。视听结合所带来的音乐冲击酣畅淋漓，从另一个角度给学生以美感。

2.理性与感性结合，精心设计教学环节。在本课中，执教者深入浅出地对作品进行分析，采用了诵、唱、弹等多种方法，让学生多方位地去感受作品的风格。在教学中，随着作品的跌宕起伏，为了让学生充分感受到音乐的深刻内涵，执教者做了精细的设计，对音乐要素进行探究，从而挖掘出作品的深刻内涵。

3.符合音乐教学本质。整个教学过程没有华丽的道具，没有繁杂的教学设计，让学生带着问题直接去思考，去探究。

当然，这堂课也有不足之处，如唱歌教学的程度、方法的把握等。但整堂课把我们带回了红岩革命精神的发源地，让学生从中感受到了乐曲的内涵，情感得到了升华！

家乡的号子——梁平抬儿调

执教者：谢惠冰

学校：重庆市梁平区南华初级中学

上课年级：八年级

【教学设计】

一、课型

综合课。

二、作品分析

（一）作品背景

梁平抬儿调是在梁平人民的生产劳动、生活礼俗中产生的。修水利、桥梁等工程，搬运大型构件都需要抬工，有抬工就有抬儿调。成千上万的抬工在一起，号子声此起彼伏，场面极为壮观，声势极为浩大。后来为了便于人们传唱，让更多的人听到精彩的抬工号子，周亚辉编曲创作，才有了这首大气磅礴的《梁平抬儿调》。

（二）作品要素

梁平抬儿调旋律高亢，节奏欢快，高低起伏的号子声按一定的节奏有秩序地排列起来，具有鲜明的地域特色。一领众和是歌曲最主要的演唱形式。

（三）作品解读

《梁平抬儿调》由多段不同的号子连缀而成。歌曲用了4/4、2/4、5/4三种拍子，曲式为多段体结构。前4小节是歌曲的引子，把我们带到一片空旷陡峭的山野之中。接下来由慢板转入中速，抬工的领唱豪放而有气势，坚定而有力。歌曲中段，号子声与伴奏紧密呼应，速度渐慢，曲调的节奏拉长，表现了抬工的团结精神和坚毅决心。歌曲后段，随着速度的加快，情绪逐渐高涨，气氛越来越紧张，路况也越来越平缓，抬工们唱起欢腾的号子，迈着激动的步伐，留下了齐声向前的美好景象。

三、学情分析

八年级的学生对流行歌曲的喜好大过民歌，他们对民歌的看法主要有以下几种：属于民族经典音乐，但是不适合在平时传唱；家长比较喜欢听，与自己的生活和心情无关；缺乏时代感；老气横秋，不符合自己的年纪。

四、教学目标

1. 用富有弹性的声音模唱，表现出歌曲的劳动节奏及乐观精神。
2. 能够对优秀的民间音乐有初步的了解，提高学习的兴趣。
3. 对劳动号子树立正确的认知，培养民族自信与文化自信。

五、教学方法

讲授法、启发法、情境教学法。

六、教学重难点

教学重点：领会抬儿调的节奏特点和演唱形式。

教学难点：能够即兴编创动作，与教师合作演唱《梁平抬儿调》。

七、教学流程

（一）律动导入

教师：同学们，让我们一起来做一个节拍游戏。大家模仿老师进行演唱，尤其要注意模仿老师的演唱情绪。老师唱第一声部的内容，你们唱第二声部的内容，我们来试一试。

（师生配合演唱。）

教师：好！我们配合得太棒了。同学们，刚刚你们演唱的就是梁平的劳动号子——《梁平抬儿调》！

(二)初听歌曲

教师:梁平抬儿调,又称抬工号子,因抬工俗称抬脚儿,故名抬儿调。下面请大家认真欣赏一遍这首歌,听完之后请告诉老师,这首歌曲的情绪是怎样的？演唱形式又是什么？

(播放《梁平抬儿调》视频。)

教师:有谁能举手说说,整首歌的音乐情绪是什么？

学生:豪迈、高亢、热烈、激昂。

教师:你说得很准确！哪位细心的同学告诉老师,歌曲的演唱形式是什么？

学生:一领众和。

教师:看来你不仅认真听了,还积极地思考过！一领众和是劳动号子最常见、最典型的歌唱方式。接下来,我们就分段欣赏一下这首歌曲。

(三)分段聆听

教师:下面请听第一段,说一说你感受到的节奏和情绪。

(播放音频。)

教师:节奏上有什么特点？

学生:欢快(快速)。

教师:那整段是怎样的情绪呢？

学生:兴奋、欢腾。

教师:真棒！你们感觉到了抬工们的情绪很兴奋。大家一起高歌一次！

(齐唱。)

教师:同学们,我们再来听听第二段,感受一下情绪和节奏上的变化。

(播放音频。)

教师:听出来的同学,举手回答。

学生:吃力。

教师:说得好！节奏上有什么变化？

学生:比前面慢,没有前一段那么欢快。

教师:对,节奏没有了之前的欢快。我们来模唱这段,可以加一些律动,来增添歌唱的情感。

(学生加上律动齐唱。)

教师:我们再来听听第三段,思考一下节奏和情绪上有什么变化。

(播放音频。)

教师:哪位同学来说一说?

学生:旋律是一样的,节奏比上一段快了,情绪要激动一些。

教师:你听得非常准确。老师请一位同学上来领唱,其他同学跟着唱和。哪位同学想试一试?

(邀请一名男生领唱,其他同学跟和。)

教师:这一遍,老师从大家的号子声中听到了希望。来!我们再来听最后一段号子,大家说说节奏和情绪上又有怎样的不同。

(播放音频。)

教师:谁来告诉大家你的发现?

学生:节奏最快,情绪最高涨、激动。

教师:再想想。为什么到最后会变得最激烈、节奏最快呢?

学生:马上要到终点了,心里兴奋。

教师:那节奏呢?这么快,难道还在爬坡中吗?

学生:已经到了平坦好走的路段。

教师:你说得很好。此时,抬工已经成功翻越过了陡峭的山坡。我们一起来模唱这一段,可以配一些动作。演唱时注意模仿抬工们的情感哦!

(学生加上动作演唱。)

教师:非常好,请把掌声送给自己!由此看来,快节奏的号子是在路面平坦的时候唱的,歌声的特点是高亢悠扬;慢节奏的号子是在路面陡峭的时候唱的,歌声的特点是坚定有力。号子节奏和情绪上的变化,取决于当时的路况!

(PPT展示连线题,复习知识点。)

(四)师生合作演唱《梁平抬儿调》

(老师领,学生跟和。)

(五)课堂小结

教师:同学们,梁平抬儿调发展到今天,已有数百年历史。随着生产方式的不断进步,抬儿这一行业终将退出历史舞台,梁平抬儿调也面临失传的窘境。抬儿的歌声是一种诉说,一种呐喊,更是一种希望。希望这嘹亮的号子在时代长河中生生不息,荡气回肠!本堂课到此结束。下课!

八、板书设计

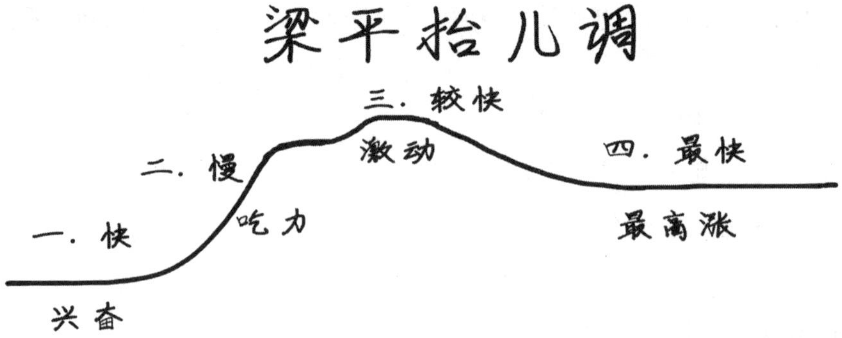

【执教体会】

现在的学生所接触到的、所喜欢的几乎都是流行歌曲。我想，如果在音乐课中通过一些创新的方式，引导学生去了解民歌，去学唱民歌，相信他们都会被我国流派纷呈的民歌文化所吸引。梁平抬儿调也是我一直想教的课题。要在短短的15分钟内，让同学们喜欢上家乡的号子，是一种挑战。抬儿调底蕴深厚，门类很多，需要讲授的内容太多，需要删减再删减，抉择再抉择。

在课堂上，作为年轻教师的我缺少了一些从容，承接句和过渡句的设计能力还有待提高。我相信，通过时间的磨砺和经验的不断累积，我可以把课堂掌握得更稳、更好。我也会一直致力于钻研和讲授更多的、具有鲜明地域特色的优秀民间音乐。

【指导点评】

本节课作为以欣赏为主的综合课，其教学目标不仅在于让学生掌握基本的演唱技巧，更在于通过学习歌曲，让学生了解中国传统文化中劳动人民的智慧和力量。

在教学内容上，教师引入歌曲时，结合相关历史文化背景，使学生理解歌曲的含义，不仅丰富了学生的音乐知识，也增强了他们的文化自信。

在教学中，教师采用了多样化的教学手段，鼓励学生模拟劳动场景，使他们在轻松愉快的氛围中学唱。这种寓教于乐的教学方法，不仅提高了学生的学习兴趣，也增强了他们的团队合作意识。从学生的表现来看，课堂上学生积极参与，表现出极大的学习热情。从教学效果来看，这节课达到了预期的教学目标。学生在演唱中，对号子也有了更深的理解和感悟，不仅提高了音乐素养，也进一步增强了民族自豪感。

综上所述，本节课是一节值得借鉴的音乐课。希望教师在今后的课堂中继续发扬这种教学风格，让学生在美育浸润下学习音乐，感受文化的魅力。